Die meisten Menschen glauben, man müßte sich aus der normalen Welt zurückziehen, um die Erleuchtung zu erreichen. Uma Silbey zeigt, daß der Alltag genau das richtige Trainingsfeld ist, um sich weiterzuentwickeln. Sie beschreibt sechs Praktiken, die das Leben – voller Hektik, Familiensorgen, Berufsproblemen und kaum Raum für die eigenen Bedürfnisse – in einen Weg zum inneren Frieden und persönlichen Wachstum verwandeln können. Mit Geschichten, prägnanten Weisheiten, Meditationsübungen, Gedichten und Affirmationen bietet dieses Buch eine fast überall und zu jeder Zeit auszuübende spirituelle Praxis für den mitten im Trubel des Lebens stehenden Menschen.

Uma Silbey ist Leiterin eines Unternehmens, Autorin und Musikproduzentin. Sie lebt in West Marin County, Kalifornien, mit ihrem Ehemann und ihren zwei Söhnen Ram Paul und Luke.

Uma Silbey

Fahrkarte zur Erleuchtung

Der Alltag als spiritueller Weg

Deutsch von Hildegard Höhr
und Theo Kierdorf

Rowohlt

rororo transformation

Herausgegeben von Bernd Jost

Deutsche Erstausgabe
Veröffentlicht im Rowohlt Taschenbuch Verlag
GmbH, Reinbek bei Hamburg, April 1997
Copyright © 1997 by Rowohlt Taschenbuch Verlag
GmbH, Reinbek bei Hamburg
Umschlaggestaltung: Walter Hellmann
(Foto: The Image Bank/Eric Meola)
Die Originalausgabe erschien unter dem Titel
«Enlightment On The Run»
bei Airo Press, San Rafael, Ca.
Copyright © 1993 by Uma Silbey
Satz Galliard und Optima (Linotronic 500)
Gesamtherstellung Clausen & Bosse, Leck
Printed in Germany
1490-ISBN 3 499 60149 4

INHALT

Widmung 11

Einleitung 13

KAPITEL EINS
Die sechs Übungen
21

Alltagsleben und Spiritualität 22

Ihr tägliches Leben ist das Material
für Ihren Weg 24

Die Übungen 25

Zeit zum Üben finden 25

KAPITEL ZWEI
In der Gegenwart zentriert sein
29

Die erste Übung 29

Erkenne dich selbst 31

Zentrierung in der Gegenwart in drei Schritten 33

Seien Sie Ihrer Gedanken gewahr 35

MEDITATION: Langes, tiefes Atmen zur Zentrierung
in der Gegenwart 37
ESSMEDITATION zur Zentrierung in der Gegenwart 39

KAPITEL DREI
Beobachten
46

Die zweite Übung 46
Sehen und der Prozeß der Abtrennung vom Selbst 47
Beobachten 49
MEDITATION: Wie Sie beobachten können 52
Selbstakzeptanz und Identität 54
Beobachten im täglichen Leben 58
MEDITATION: Beobachten der Gedanken 59

KAPITEL VIER
Sich erinnern
65

Die dritte Übung 65
Die Erfahrung des Sich-Erinnerns 68
Visuelle und musikalische Erinnerungshilfen
und Naturobjekte 70
Zeremonien 72
Das Wiederholen eines Namens für den
Höheren Geist 74
Sich an das Wiederholen des Mantras erinnern 77
Der Bauer und der heilige Mann 78
MEDITATION zur Erinnerung an den Höheren Geist 79

KAPITEL FÜNF
Lassen Sie sich von der Wahrheit leiten
86

Die vierte Übung 86

Wahrheit und relative Wirklichkeit 87

Was es bedeutet, aus der eigenen inneren
Wahrheit heraus zu leben 90

Ein Beispiel aus meinem Leben 92

Wie man ein Leben der Wahrheit führen kann 94

Wie man die innere Wahrheit hören kann 95

MEDITATION zur Entwicklung der Intuition
und des Hörens der inneren Stimme 97

Den Verstand und die innere Stimme
in Einklang bringen 99

VISUALISATION zum Erlangen von Einsicht,
zur Lösung von Problemen und zum Entwickeln
effektiven Verhaltens 101

Ihre Verpflichtung der Wahrheit gegenüber
muß total sein 105

MEDITATION: Wer bin ich? 106

KAPITEL SECHS
Hingabe, Loslassen und Akzeptieren
110

Die fünfte Übung 110

Es ist nicht immer leicht, etwas aufzugeben 111

Ein praktisches Beispiel für die positiven
Auswirkungen des Aufgebens 112

Der Prozeß des Aufgebens 114

Wie es sich anfühlt, Hingabe zu praktizieren 115

AFFIRMATIONEN zur Förderung von Hingabe
und Loslassen 116

AFFIRMATIONEN
zur Entwicklung von Hingabe und Vertrauen 117

Akzeptieren 118

Akzeptieren, Verlangen und Veränderung 119

Hingabe, Akzeptieren und innere Zufriedenheit 121

Die Anhaftung an Verlangen aufgeben 122

KAPITEL SIEBEN
Meditieren
129

Die sechste Übung 129

Die Auswirkungen der Meditation 130

Lassen Sie Ihr gesamtes Leben
zur Meditation werden 132

Beständiges Üben ist unerläßlich 133

Richtlinien für die Meditation 134

MONATSMEDITATIONEN 135

Om-Meditation 137

MEDITATION zur Stärkung des Willens,
der Ausdauer und der Vitalität 139

Das Sonnengebet 141

Die Bedeutung einer spirituellen Familie 145

KAPITEL ACHT
Fortschritte auf dem Weg
149

Liebe und Verletzlichkeit 150

Offenes Herz, verschlossenes Herz 153

Das Dritte Auge 155

Hören Sie nicht auf zu üben 156

Das Herz öffnen 157

MEDITATION zum Entwickeln von Liebe,
Mitgefühl und Akzeptanz sich selbst gegenüber 157

MEDITATION zum Entwickeln von Liebe,
Mitgefühl, Akzeptanz und Empathie anderen
gegenüber 159

KAPITEL NEUN
Verirrungen auf dem Weg
165

Verwechseln des eigenen Verlangens
mit der inneren Wahrheit 170

Die Lektion 171

Anzeichen für Verirrungen 173

Neue, ungewöhnliche Fähigkeiten 175

Verwirrung, Anhaften und Weglaufen 177

Orientierungshilfen für eine erleuchtete
Lebensweise 179

Die fünf Grundprinzipien ethischen Verhaltens 181

SCHLUSS

Heimkehr
187

Gedichte von Uma Silbey

Tanze leicht wie eine Feder 18

Der Weg 28

Hier sein 44

Erwachen 84

Wahrheit ist 108

Sei still 147

Das große Geheimnis 163

Verloren und wiedergefunden 166

Erhebe dich 184

Heimkehr 191

WIDMUNG

Ich möchte allen meinen Freunden, meiner Familie und allen Lehrern, die mir auf meinem Weg geholfen haben, danken und ihnen dieses Buch widmen. Insbesondere widme ich es meiner Großmutter Lolita Glick, die mir mit ihrer stillen Würde und ihrer Weisheit immer eine große Inspiration war, außerdem meiner Freundin und Tante Nancy Baumgartner, die mir immer zugehört und auf ihre nichturteilende Weise geholfen hat und die auch so vielen anderen bereitwillig ihre Hilfe und ihren Trost schenkt. Weiter danke ich meinem Großvater John Reed, der mir als erster gesagt hat, ich solle Bücher schreiben, und Marcellus Bearheart Williams, von dem ich in den Jahren unserer Bekanntschaft so viel gelernt habe.

Auch meinen Eltern Lloyd Glick und Shirley Murphy möchte ich meinen Dank dafür aussprechen, daß sie mich so selbstlos und liebevoll großgezogen und mir den notwendigen Raum gegeben haben, in dem ich mich selbst erforschen konnte. Mein Dank gilt ebenso Carol LaRusso und Hal Zina Bennett für ihre Hilfe bei der Bearbeitung dieses Buches. Margot Koch und Jim Love vom Publishers Design Studio danke ich für ihr wunderbares Buch-Design und für die Illustrationen. Brenda Plowman und Dawson Church von der Atrium Publishers Group sei für ihren sachverständigen Rat während des gesamten Entstehungsprozesses gedankt. Ferner möchte ich David Webb danken, der auf so vielfältige Weise an der Publikation dieses Buches mitgewirkt hat.

Vor allem jedoch möchte ich das Buch meinem lieben Mann Steve Fink widmen, der mich in guten wie in schlechten Zeiten unterstützt und ermutigt hat, und meinem spirituellen Lehrer und Freund, Neem Karoli Baba Ji, der immer in meinem Herzen fortleben wird.

Mögen alle Wesen glücklich sein!

Uma Silbey
Lagunitas, Kalifornien

Es fing alles damit an, daß ich einen toten Vogel fand und ihn liebevoll begrub. Ein paar Tage später scharrte ich die Erde wieder von dem kleinen Grab, das ich mit so viel Liebe angelegt hatte, um nachzuschauen, ob der Vogel tatsächlich – wie man mir erzählt hatte – in den Himmel gekommen war. Als ich mit meinen kleinen fünf Jahre alten Händchen den letzten Rest Erde entfernte, offenbarte sich mir die schreckliche Wahrheit. Ich war entsetzt, schockiert – der kleine Körper war immer noch da. Obwohl er teilweise zerfallen war, glaubte ich nicht, daß der Vogel sich schon halb im Himmel befand. Vielmehr wurde mir klar, daß alle mich belogen hatten. Er kam nicht in den Himmel – und ebenso würde weder ich noch sonst jemand in den Himmel kommen. Wem und was konnte ich da noch glauben?

In diesem Augenblick begann meine Suche nach der spirituellen Wahrheit. Ein Same war gesät, und aus diesem erwuchsen immer neue Fragen und ein inneres Sehnen nach etwas, das ich nicht richtig in Worte fassen konnte, das sich jedoch wie Liebe anfühlte. Ich erinnerte mich an die Versicherung der Bibel, daß man nur anzuklopfen brauche, und die Tür würde geöffnet. Man brauche dazu nur gläubiges Vertrauen und persönlichen Einsatz. Von diesem Versprechen geleitet, gelobte ich mir anzuklopfen, bis ich die

Wahrheit gefunden hätte. Ich wußte nicht, woran ich sie erkennen würde, war mir aber sicher, daß ich es wissen würde, wenn der Zeitpunkt gekommen war. So klopfte ich also viele Jahre lang unentwegt an.

Ich fing vor meinem zwanzigsten Lebensjahr zu meditieren an. Damals hatte ich keine Lehrer, sondern kaufte mir Bücher mit Meditationsanleitungen, an denen ich mich orientierte. Unterdessen nahm mein normales Alltagsleben seinen Lauf: Ich machte mein Examen an der University of California Los Ángeles, baute eine Schmuckmanufaktur auf und machte Musik. Weil ich verstehen wollte, was dieses Erwachen war, nach dem ich suchte, las ich jedes psychologische und philosophische Buch, das mir in die Hände fiel, von Dostojewski, Kant, Kierkegaard und Marx bis hin zu Freud, Jung, Reich, Fritz Perls und vielen anderen moderneren Psychologen. Ich las, studierte und versuchte, das Gelesene in mich aufzunehmen. Alte Schriften wie die Vedas, Puranas, Texte des Zen und anderer buddhistischer Schulen, die Bhagavad-Gita und das Ramayana verschlang ich regelrecht.

Und ich las nicht nur, sondern praktizierte auch das, was in diesen Büchern geschrieben stand. Ich probierte die empfohlenen Meditationen aus und versenkte mich in Zen-Koans. Ich erlegte mir zwei- oder dreijährige Perioden sexueller Enthaltsamkeit und des Rückzugs auf. Ich versuchte, Nichtanhaftung zu verstehen, indem ich alles, was ich besaß, aufgab – meine Wohnungseinrichtung, mein Unternehmen, Geld und meinen Wohnsitz –, und dies tat ich mehrmals. Alles, was mir dazu diente, meine Identität zu definieren, gab ich auf, um mein wahres Selbst erfahren zu können. Ich schnitt mein Haar ab (das ziemlich lang war), trug Weiß und fastete. Ich versuchte, so bewußt und authentisch zu leben, wie es mir möglich war.

Ich wußte, daß nicht nur die Christen vom ewigen Leben sprachen. Jede der Schriften, die ich gelesen hatte, ob sie nun zur christlichen, einer buddhistischen, islamischen oder der Sikh-Tradition gehörte, sprach von einem ewigen Zustand des Seins, der die Liebe selbst war, unsterblich und ungeboren, und alle stimmten darin überein, daß es einen Pfad gebe, auf dem man jenen Zustand erreichen könne. Diese Verwirklichung war das, was mit dem Begriff Erwachen gemeint war. Aufgrund meiner ausgiebigen Lektüre wußte ich, daß Menschen diesen Zustand der Erleuchtung erreicht hatten, und ich sagte mir, wenn sie es geschafft hatten, so konnte ich das auch. Ich beschloß, alles daranzusetzen, um es zu erreichen – was immer «*es*» sein mochte.

Über einen Zeitraum von ungefähr zwanzig Jahren studierte ich bei östlichen wie auch bei westlichen Lehrern. Ich praktizierte einige Jahre lang Kundalini-Yoga, Klang- und Atemmeditationen, Mantra- und Bhakti-Yoga und Vipassana-Meditation. Schließlich führte ich das Leben einer Einsiedlerin und praktizierte achtzehn bis zwanzig Stunden täglich die genannten Übungen. Dann ging ich bei einem Medizinmann indianischer Herkunft in die Lehre, der im Südwesten der USA lebte. Unter seiner Anleitung begab ich mich mehrmals auf Visionssuche und erlernte andere traditionelle Praktiken von ihm.

Es war leicht, ohne Ablenkung in glückseligem Frieden zu leben, aber war es von realem Nutzen, wenn dieser Zustand unterbrochen wurde, sobald ich wieder in der «wirklichen» Welt lebte? So begann schließlich eine neue Phase meines Lebens, in der ich mich kopfüber in das Alltägliche stürzte. In den folgenden Jahren wurde ich Ehefrau und Mutter, gründete eine ansehnliche und erfolgreiche Schmuckmanufaktur mit fünfzehn bis zwanzig Angestellten, organisierte die Hausarbeit und schrieb und produzierte geleitete Visualisationen und Musikaufnahmen. Weiterhin schrieb ich drei Bücher und leitete Workshops, wöchentliche Kurse und hielt Vorträge. Wie sich jeder wohl denken kann, war ich (und bin ich immer noch) sehr beschäftigt und trug eine Menge Verantwortung – für meine Familie, für mein Unternehmen und für die Menschen, die darin tätig sind, sowie auch für all die anderen Projekte, an denen ich beteiligt war. Ich hatte nur sehr wenig Zeit, Yoga zu machen oder zu meditieren, denn Raum für mich selbst und freie Zeit gab es in meinem Leben praktisch nicht. Wie konnte ich trotz dieser Situation das praktizieren, was man mich gelehrt hatte? Nicht nur acht oder zehn Stunden am Tag zu meditieren war für mich völlig unmöglich, manchmal war es sogar ein Problem, auch nur fünf Minuten für eine kurze Übung abzuzweigen!

Allmählich merkte ich, daß viele andere sich in einer ganz ähnlichen Lage befanden – Karrieremenschen, Selbständige, Geschäftsleute mit Familie, die Kinder erziehen mußten – sie alle kämpften mit dem gleichen Dilemma wie ich: Wie können wir trotz eines extrem geschäftigen Lebens mit einem Haufen Verpflichtungen und sehr wenig oder gar keiner Freizeit weiterhin einem spirituellen Pfad folgen, der unserem Leben inneren Frieden und Liebe schenkt? Wie können wir zentriert bleiben, gesund bleiben und verhindern, daß wir uns in der Betriebsamkeit des Alltags verlieren? Ein Freund von mir sagte einmal: «Ich habe das Gefühl, daß ich mich entscheiden muß, ob ich alles hinschmeiße und in einem Aschram lebe oder mit meinem unglaublich geschäftigen Leben weitermache und meinen geistigen Frieden verliere!»

Notgedrungen fing ich schließlich an, die Übungen, die ich gelernt hatte, an die Realitäten meines Alltagslebens anzupassen. Ich stellte mir nun ein paar neuartige Fragen: Mit welchen Übungen erreichte man in kürzester Zeit maximale Wirkungen? Welche konnte ich praktizieren, während ich «in Aktion war»? Was würde mir helfen, mein spirituelles Zentrum, meinen inneren Frieden zu erhalten und entspannt und voller Energie zu bleiben? Was half mir, mit dem inneren leitenden Geist in Kontakt zu bleiben – trotz der überwältigenden täglichen Anforderungen der Haushaltsführung, schwieriger geschäftlicher Verpflichtungen, nicht eingehaltener Verabredungen, des ununterbrochen klingelnden Telefons, trotz übervollem Terminkalender und so gut wie keiner «Zeit für mich selbst»? Was war die Essenz all der Traditionen und Übungen, die ich erprobt hatte, und wie ließ sie sich in einem so geschäftigen Leben wie dem meinen praktizieren? Wie konnte ich das Leben selbst zu meiner Übung machen?

Dieses Buch ist das Resultat meiner Bemühungen, die spirituelle Praxis in das alltägliche Leben zu integrieren. Im folgenden beschreibe ich sechs Übungen, die Sie praktizieren können, während Sie Ihren alltäglichen Aktivitäten nachgehen, und die Ihnen helfen werden, Gewahrsein, Weisheit und inneren Frieden zu entwickeln und sich selbst besser kennenzulernen. Es sind Übungen, die nicht nur in der exklusiven Atmosphäre eines Aschrams oder einer Retreat-Einrichtung ihren Zweck erfüllen, sondern auch in unserem schnellebigen Alltag. Sie können Ihnen gute Dienste leisten, wenn Sie zu beschäftigt sind, Ihnen die Anforderungen von seiten Ihrer Familie, Ihrer Arbeit oder Ihrer Beziehung über den Kopf wachsen oder wenn Sie unter den Auswirkungen von Verlust, Zweifel, Angst, Wut, Stolz, Krankheit, Geburt, Tod und Liebe leiden. Es sind praktische Methoden, die Ihnen helfen, mit dem Gefühl des Überwältigtseins, der Verwirrung und Hoffnungslosigkeit fertig zu werden. Ich hoffe, daß Ihnen dieses Buch nicht nur als Anleitung, sondern auch als Begleiter auf Ihrer persönlichen Reise dienen wird. Denn letztlich möchte ich, indem ich dies schreibe, mit Ihnen teilen, was mir am meisten am Herzen liegt, auf daß wir gemeinsam die unendliche Präsenz des lebendigen Geistes feiern können. Mögen wir durch dieses Teilen einander inspirieren und schließlich die unendliche Realität in unserem Inneren in ihrem ganzen Ausmaß schätzen lernen, jene Realität, mit deren Hilfe wir die in unserer Seele wohnende Wahrheit erkennen können.

❧ ❧ ❧　Tanze leicht wie eine Feder

Liebst du, was der Verstand
niemals zu erfassen vermag?
Hörst du die Wahrheit,
die jenseits der Worte spricht?

Dann bist du gesegnet,
die Flamme der Liebe in deiner Seele zu tragen,
Samen der Barmherzigkeit zu säen
und das Große Licht im Inneren widerzuspiegeln.

So schärfe dein Unterscheidungsvermögen
am Schleifstein der Erfahrung,
und mit ungebrochener Integrität
umarme seine kristallene Weisheit.

Dann tanze leicht wie eine Feder
mit dem Licht des Morgens in den Augen,
süßem Lachen im Herzen
und Feuer in der Seele.

Oh, du Glücklicher,
schreie deine Erfüllung heraus
mit Tränen diamantener Liebe,
denn du bist auf ewig gesegnet und frei. ❧ ❧ ❧

Sei, wer du wirklich bist,
und folge dem Pfad zu deinem Erwachen

Die sechs Übungen

*Die meisten spirituellen Traditionen empfehlen, man
solle eine bestimmte Zeitspanne des Tages für die Übung
reservieren, und sie behaupten, dies sei die einzige Möglichkeit, Erleuchtung zu erlangen und wahres Glück zu
finden. Die geforderte Zeitspanne variiert von ein oder
zwei Stunden pro Tag bis zu einigen Jahren im Einzel-
Retreat – manchmal wird sogar der Rückzug aus der
Welt auf Lebenszeit gefordert. Der modernste Ausdruck
dieser Philosophie ist vermutlich Timothy Learys in den
Sechzigern formulierter Ausspruch «Turn on, tune in,
and drop out» («Törn dich an, stimm dich ein und steig
aus»). Dies ist jedoch nicht immer realisierbar oder auch
nur wünschenswert, beispielsweise wenn man Kinder
hat, seinen Lebensunterhalt verdienen oder anderweitigen Verpflichtungen nachkommen muß.*

Dieses Buch zeigt Ihnen, daß Sie nicht aussteigen oder Drogen
nehmen müssen, um sich «einzustimmen» oder «anzutörnen».
Auch brauchen Sie die äußere Welt nicht zu ignorieren, um nach
innen schauen zu können. Vielmehr können Sie alles im Leben als
einen Trittstein auf dem spirituellen Pfad benutzen. Die hier vorge-
stellten Übungen werden Ihnen helfen, das Leben selbst zu nutzen,
um sich einer lebendigen Realität bewußt zu werden, die innen und

außen existiert und die trotz des unaufhörlichen Gezeitenspiels der Emotionen, Gedanken und Ereignisse immer da ist. Sie werden Ihr äußeres Leben in Harmonie mit Ihrer inneren Realität führen und zu tiefer Erfüllung, innerer Freiheit und Zufriedenheit finden. Sie werden glücklich sein können – ganz gleich, was in Ihrem Leben geschieht.

Alltagsleben und Spiritualität

Viele alte und moderne Lehren sprechen von Erleuchtung, davon, daß wir erkennen müssen, wer wir sind, oder daß wir eine Realität erfahren können, die mehr ist, als jene schablonenhafte Sicht uns glauben läßt, die wir auf die Welt projizieren. Außerdem gibt es Hunderte von altbewährten Methoden, die uns helfen können, das zu durchschauen, was die «Illusion alles Weltlichen» genannt wird, auf daß wir ein tieferes Glück erfahren, das von äußeren Situationen unabhängig ist. Doch meist setzen diese traditionellen Praktiken voraus, daß wir uns aus dem alltäglichen Leben zurückziehen. Oft schreiben sie verschiedene Formen der Abstinenz, des Zölibats, des Rückzugs in die Stille, des Fastens oder des Essens bestimmter Nahrungsmittel vor. Viele Stunden der Meditation, des Gebets oder des Yoga über viele Jahre sind für ein spirituelles Leben im Sinne einer der alten Traditionen unerläßlich.

Diese Praktiken können uns sicherlich zu geistigem Frieden, Konzentration und innerer Ruhe verhelfen; wir können durch sie sogar weise werden und Erleuchtung erlangen, doch geht uns die innere Stille und das Gefühl des Erleuchtetseins gewöhnlich verloren, sobald wir wieder in den Alltag unseres modernen Lebens zurückkehren. Es scheint, als ließen sich die Auswirkungen unserer Praxis und unserer Erkenntnisse einfach nicht mit unserer heutigen Lebensweise vereinbaren.

In diesem Licht betrachtet müssen wir uns fragen, ob die traditionellen spirituellen Pfade für gewöhnliche Menschen unserer

Zeit überhaupt noch eine Bedeutung haben. Man kann die alten Praktiken unmöglich ausführen, wenn man ständig Telefonanrufe annehmen, die Kinder von der Schule abholen, für den Lebensunterhalt sorgen, für die Familie kochen und all den anderen unzähligen Verpflichtungen nachkommen muß, die das Leben für uns heute mit sich bringt. Die traditionellen spirituellen Methoden scheinen uns keinerlei praktische Hilfe zu geben, was unseren Alltag anbetrifft, da ihre Auswirkungen sich häufig in nichts auflösen, sobald wir in unser alltägliches Leben zurückkehren.

Deshalb haben viele von uns aufgegeben und sind zu dem Schluß gelangt, daß wir niemals jene innere Freiheit finden werden, nach der wir suchen. Schließlich können wir nicht unsere Familie, unseren Beruf und all unsere anderen Verpflichtungen einfach aufgeben. Viele fühlen sich festgefahren, und sie entwickeln gewisse Ressentiments ihrem Alltag gegenüber, der ihr Leben des Abenteuers, des Sinns und sogar der Liebe beraubt hat. Irgendwo tief in unserem Innern rührt sich oft ein vages Verlangen oder eine Sehnsucht nach etwas, das wir nicht einmal in Worte fassen können. Es scheint, als wären wir dem Leben in die Falle gegangen.

Ich erinnere mich daran, daß ich mich so fühlte, als ich 1981 von Los Angeles nach San Francisco zog. Jahrelang hatte ich mich in Los Angeles mit verschiedenen spirituellen Praktiken beschäftigt. Dies hatte in einem ungefähr zweijährigen zölibatären Retreat gegipfelt, in dem ich zwanzig Stunden am Tag Kundalini-Yoga und andere Formen der Meditation praktiziert hatte. Doch seit ich in San Francisco lebte, sah mein Leben völlig anders aus! Ich hatte eine Manufaktur für Bergkristall-Schmuck gegründet, schrieb Bücher, produzierte Musikaufnahmen, lehrte, leitete eine Organisation, hatte geheiratet und mußte eine Familie versorgen. Ich war so beschäftigt damit, meinen Verpflichtungen nachzukommen, daß ich mein bisheriges spirituelles Leben nicht mehr fortsetzen konnte. Ich hatte ein vages Gefühl des Verlusts und fühlte mich schuldig. Je mehr ich zu tun hatte und je weniger Zeit ich dazu hatte, mich einfach nur zu entspannen und mich nach innen zu wenden, um so größer wurde meine Frustration. Sollte ich meine Aktivitäten reduzieren? Sollte ich wieder aus allem aussteigen? Nachdem ich eine Weile mit diesem Dilemma gerungen hatte, wurde mir schließlich klar, daß die einzige Lösung darin bestand, mein alltägliches Leben zu meiner Praxis zu machen. Also suchte ich mir aus all dem, was ich gelernt hatte, das heraus, was ich unauffällig jederzeit und überall ausführen konnte. Weil ich so wenig freie Zeit hatte, wählte ich außerdem Praktiken, die am schnellsten eine Wirkung zeigten. Auf diese Weise wurde mein gesamter Alltag zu meinem Pfad. Ich entdeckte, daß das spirituelle und das materielle Leben kein Gegensatz zu sein brauchen. Man muß der Welt nicht entsagen, um ein spirituelles Leben zu führen. Wir alle können dies, ob wir nun eine Familie zu versorgen haben, ein Mönch sind, eine Mutter oder eine Nonne, ein Geschäftsmann oder eine Geschäftsfrau oder ein Yogi.

Ihr tägliches Leben ist das Material für Ihren Weg

Die hier beschriebenen Praktiken sind bestens für unser geschäftiges modernes Leben geeignet. Die Alltagsroutine bildet nicht ein Hindernis, sondern die Basis für das spirituelle Leben. Dabei brauchen wir nicht mehr oder weniger als gewöhnlich zu tun, und was wir tun, spielt im Grunde keine Rolle. Der Fokus unseres Lebens ist wichtiger als die Form. Am wichtigsten ist unsere Haltung – wie wir den Ereignissen unseres Lebens gegenüberstehen und wie wir damit arbeiten. Statt Gefühle, Gedanken und das, was uns widerfährt, zu ignorieren, benutzen wir diese Übungen dazu, um in diese Empfindungen und Ereignisse einzutauchen. Dabei verdrängen wir keinen Teil unseres Wesens, sondern finden zu einer Haltung vollkommenen Akzeptierens.

Die Übungen

Die sechs zueinander in Beziehung stehenden Übungen, die diesen Pfad ausmachen, erscheinen auf den ersten Blick täuschend einfach, doch Sie werden beim Üben feststellen, daß sie allmählich zu tiefem Verstehen und zu tiefer Weisheit führen. Die sechs Übungen werden im einzelnen in den folgenden sechs Kapiteln erklärt. Sie sind:

1. In der Gegenwart zentriert sein
2. Beobachten
3. Sich erinnern
4. Der Wahrheit folgen
5. Akzeptieren
6. Meditieren

Diese Praktiken sind wie die Fäden, die Schuß und Kette eines Webteppichs bilden. Den Faden zu erleben bedeutet, sein Verwobensein zu erleben, was dem Erfahren des gesamten Teppichs gleichkommt. Jede Praxis unterstützt alle anderen. Wenn Sie eine dieser Praktiken ausführen, üben Sie damit auch alle anderen. Wenn Sie beispielsweise in der Gegenwart zentriert sind, befinden Sie sich auch im Zustand der Beobachtung. Wenn Sie beobachten, erfahren Sie die Wahrheit. Die Wahrheit zu beobachten bedeutet wiederum, sich zu erinnern, was gleichzeitig eine Meditation ist. Wenn Sie sich im Zustand der Meditation befinden, sind Sie in der Gegenwart zentriert. Jede dieser Praktiken ist jedoch auch ein eigenständiger Pfad, der Sie zur Bewußtheit führen kann. Auf Seite 26 ist noch eine andere Darstellung der sechs Übungen.

Zeit zum Üben finden

Um diese Praktiken auszuführen, brauchen Sie nicht besonders viel Zeit. Fangen Sie an, indem Sie drei Minuten am Tag tief ein- und ausatmen und dabei alles andere vergessen. Das können Sie in Ihrem Büro am Schreibtisch machen oder in der Bank, wenn Sie in der Schlange stehen. Nehmen Sie sich ein paar Augenblicke Zeit, um Ihren Körper zu strecken, zu meditieren oder eine Übung auszuführen. Seien Sie kreativ. Überlegen Sie, wie Sie in Ihrem Leben etwas Zeit für sich selbst freimachen können, über die Sie jetzt nicht verfügen. Wenn Sie berufstätig sind, dann nehmen Sie das Mittagessen allein ein, oder machen Sie allein eine fünfzehnminütige Pause. Schalten Sie am Abend das Fernsehen für eine halbe Stunde (oder länger) aus. Legen Sie Ihr Buch für ein paar Minuten zur Seite. Stehen Sie am Morgen fünfzehn Minuten früher auf. Machen Sie frühmorgens einen Spaziergang, oder praktizieren Sie die Übungen, wenn Sie mit dem Auto zur Arbeit fahren. Gehen Sie beim Einkaufen langsam, und nehmen Sie sich Zeit, statt an den Regalen entlangzuhasten. Auch wenn Sie die Kinder zu Bett bringen, können Sie sich einen Augenblick lang still mit geschlossenen Augen hinsetzen. Nehmen Sie ein warmes, beruhigendes Bad statt der üblichen schnellen Dusche. Gönnen Sie sich ein paar zusätzliche Minuten, den Morgen zu genießen, wenn Sie nach draußen gehen, um die Zeitung zu holen. Seien Sie kreativ. Gewähren Sie sich diese Zeit. Mit ein bißchen Entschlossenheit läßt sich das auch

In der Gegenwart zentriert sein

Beobachten   Sich erinnern

Meditieren   Akzeptieren

Der Wahrheit folgen

Im Zentrum sind sie eins

in dem hektischsten Leben arrangieren. Durch diese innere Haltung werden Sie mehr und mehr Zeit in Ihrem Leben finden, in der Sie sich selbst diesen persönlichen stillen Raum geben können.

Nach einer Weile werden die Praktiken zu einem natürlichen Bestandteil Ihres Tagesablaufs werden. Schließlich wird Ihre nach innen gerichtete Aufmerksamkeit nicht mehr von Ihrer nach außen gerichteten Aufmerksamkeit zu trennen sein, so wie dem Einatmen das Ausatmen folgt. Die Unterscheidung zwischen Zeit für sich selbst und Zeit, die nicht für sich selbst ist, wird dann verschwinden. Alle Zeit ist dann Zeit für sich selbst, weil Sie mit allem, was Sie tun, gleichzeitig auch Ihr Selbstgewahrsein entwickeln. Ihr gesamtes Leben wird Sie dann nähren, statt Sie zu erschöpfen. Das heißt nicht, daß Sie nie mehr müde oder nie mehr Zeit brauchen werden, um Ihren Körper oder Geist zu entspannen. Es bedeutet nur, daß Sie auch dann Erfüllung finden können, wenn Sie überlastet, müde oder angespannt sind.

Machen Sie diese sechs Übungen, und lassen Sie Ihr Alltagsleben zu einem großen Abenteuer werden statt einer Bürde. Erfüllen Sie Ihr Leben mit aufregenden Entdeckungen und mit Sinn, selbst wenn schwierige Zeiten herrschen. Und was noch wichtiger ist: Wenn Sie diese Praktiken üben, werden Sie zu tiefer Erfüllung gelangen, denn Sie werden das Herz Ihres inneren Selbst erfahren, jenes freudvolle Sein, das auch im Zentrum aller Schöpfung zu finden ist. Diese Art des Erwachens wird Ihnen ein inneres Glück bescheren, das jeden erdenklichen Lohn unserer modernen Welt übersteigt.

❧ ❧ ❧   Der Weg

Gehe weiter, mein Freund,
   sei unverzagt.
Lasse die wilden Turbulenzen dieses Wegs
   nicht deinen Willen zur Freiheit schwächen.

Halte fest an der Vision
   deiner Hoffnungen und Träume,
   während du furchtlos durch die Länder reist,
   die dein wundes Herz rufen.

Sei unerschrocken, während du
   durch die leeren Wüsten der Verwirrung ziehst
   und durch die Mitternachtstäler der Angst wanderst.

Fliege, mein Freund.
Vertraue den Flügeln der Liebe,
   die dich hinwegtragen über
   diese weiten Strecken des Nichtwissens.

Vertraue und lasse dich
   voller Zuversicht in jene Heimat tragen,
   die dich so innig gerufen hat
   im nächtlichen Geflüster deiner Seele.   ❧ ❧ ❧

KAPITEL ZWEI

In der Gegenwart zentriert sein

Die erste Übung

In der Gegenwart zentriert zu sein ist die erste der sechs in diesem Buch beschriebenen Übungen. Sie ist eine der wichtigsten Übungen überhaupt, denn wir können keine der anderen Übungen meistern, ohne diese zu beherrschen. Je mehr wir in der Gegenwart zentriert sind, um so mehr Tiefe erreichen wir bei allem anderen Üben. Was bedeutet es nun, in der Gegenwart zentriert zu sein? Es bedeutet ganz einfach, jetzt hier zu sein. Wenn wir jetzt hier sind, haben wir unser ganzes Gewahrsein genau dort zentriert, wo wir sind, und unsere Gedanken schweifen nicht in die Vergangenheit oder in die Zukunft ab. Wir denken nicht einmal an den gerade verstrichenen Augenblick. Wir sind uns unserer Gefühle in diesem Augenblick gewahr, statt sie mit vergangenen Gefühlen zu vergleichen oder statt daran zu denken, wie wir uns wohl in Zukunft fühlen mögen. Auch denken wir nicht, daß wir uns anders fühlen sollten oder könnten. Gegenwärtig zu sein bedeutet, jeden anderen Bewußtseinszustand loszulassen und uns selbst ganz und gar als das zu erfahren, was wir tatsächlich in jedem einzelnen Augenblick sind.

Wie läßt sich dies auf das tägliche Leben übertragen? Ganz einfach: Wenn Sie in der Gegenwart zentriert sind, während Sie beispielsweise Auto fahren, sind Sie sich dessen gewahr, wie sich Ihr Körper während der Fahrt bewegt, welche Geräusche um Sie herum sind, wie sich der Autositz unter Ihnen und die Geschwindigkeit, mit der Sie sich fortbewegen, anfühlen. Sie denken nicht an Ihren Arbeitstag, an das nächste Wochenende, an das, was Sie hätten tun sollen oder was Sie als nächstes tun werden. Wenn Sie eine Mahlzeit zubereiten, sind Sie sich der Bewegungen des Löffels in der Schüssel gewahr, des Geruchs der Zutaten, der Hitze des Ofens, des Geräuschs von kochendem Wasser und des Schneidens Ihres Messers. Sie sind ganz auf das Kochen konzentriert. Wenn Sie auf diese Weise in der Gegenwart zentriert sind, wird jede Handlung zu einer Meditation vollkommenen Gewahrseins. Und nicht nur das, Ihr Leben wird auch wesentlich interessanter, weil sich Ihr Erfahrungsspektrum erweitert. Den alltäglichsten Dingen werden Sie mit neuem Interesse begegnen, denn Sie entdecken Dinge, die Sie nie zuvor bemerkt haben, sogar wenn Sie sich mit etwas beschäftigen, das Ihnen normalerweise keinen Spaß macht. Morgens zum Auto zu gehen beispielsweise wird zu einer so viel reicheren Erfahrung, wenn Sie der Erde, auf der Sie gehen, Aufmerksamkeit schenken, der Luft, die Sie atmen, und den Gefühlen, die Sie in diesem Augenblick haben.

Wie ist es, in der Gegenwart zentriert zu sein? Wenn Sie ganz hier in der Gegenwart sind, so stellt sich die Empfindung der Verlangsamung oder des Anhaltens der Zeit ein. Jeder Augenblick wird zu einer Ewigkeit außerhalb von Zeit. Wenn Sie aufhören, einen Augenblick mit einem anderen zu vergleichen, wie können Sie dann noch die Empfindung haben, daß die Zeit verstreicht? Erinnern Sie sich daran, wie lange ein Tag dauerte, als Sie noch ein Kind waren und nichts anderes im Sinn hatten als das, was Sie gerade taten? Erinnern Sie sich daran, wie frei Sie sich damals gefühlt haben? Genau so fühlen Sie sich, wenn Sie in der Gegenwart zentriert sind. Wenn Sie jetzt hier sind, haben Sie das Gefühl, innerlich gesammelt zu sein und sich nicht mehr fieberhaft im Außen zu zersplittern. Sie verspüren ein Zentrum in sich, das Ihnen eine innere Sicherheit verleiht. Ihr Geist hört auf, in alle Richtungen davonzugaloppieren, und Ihre Gedanken scheinen sich zu verlangsamen, so daß Sie sich jedes einzelnen Gedankens gewahr werden – und schließlich der Lücken zwischen Ihren Gedanken. Die einander jagenden Emotionen werden von einem Gefühl der Ruhe abgelöst. Sie fühlen sich in Ihrem Inneren wie ein tiefer, stiller See.

Je mehr Sie sich auf den gegenwärtigen Augenblick konzentrieren, um so tiefer wird diese Stille. Wie können Sie sich noch Sorgen machen oder Angst haben, wenn Sie nicht an die Zukunft denken? Wie können Sie sich noch schuldig fühlen oder Groll empfinden, wenn Sie nicht an die Vergangenheit denken?

Erkenne dich selbst

Nur wenn Sie im gegenwärtigen Augenblick zentriert sind, können Sie erkennen, wer Sie wirklich sind. Das «Ich», das erkannt werden kann, ist nur hier und nirgendwo anders, und wenn Sie nicht hier sind, in der Gegenwart zentriert, wie wollen Sie dann das «Ich» erfahren? Wenn Ihre Gedanken und Gefühle in alle Richtungen auseinanderstreben, wie wollen Sie sich dann auf Ihr Inneres konzentrieren? Es ist unmöglich. Wenn Sie zulassen, daß Ihr Geist jedem vorüberziehenden Gedanken und jeder Emotion hinterherjagt, sind Sie lediglich Ihrer Gedanken und Emotionen gewahr, nicht aber Ihrer selbst. Gegenwärtig zu sein bedeutet, die Aufmerksamkeit wieder zu sich selbst zurückzubringen. Es bedeutet, sich auf das «Ich» zu fokussieren, das diese Gedanken und Emotionen erfährt. Dann wird jenes Ich zum *Ich, das erfährt*. Wenn Sie sich Ihrer selbst als Erfahrenden gewahr sind, werden Sie bemerken, daß Sie von allem, was erfahren wird, getrennt sind. Sie *sind* «Sie», und Sie *haben* lediglich Gedanken und Gefühle. Sie sind Sein, nicht Haben. Wenn Sie sich also auf sich selbst fokussieren, auf den, der erfährt, dann richten Sie Ihre Aufmerksamkeit auf Ihr eigenes Sein.

Und jetzt tun Sie einmal folgendes: Schließen Sie für einen Augenblick die Augen, und richten Sie Ihre Aufmerksamkeit auf sich selbst. Fühlen Sie sich als «Ich». Versuchen Sie nicht, sich selbst zu erklären oder zu definieren. Bekommen Sie einfach ein Gefühl von diesem «Ich», das sich in Ihrem Körper befindet. Wenn Sie von Gedanken oder Gefühlen abgelenkt werden, entziehen Sie diesen einfach Ihre Aufmerksamkeit, und bringen Sie sie zu Ihrem Gefühl des «Ich»-Seins zurück. Wo sind Sie? Können Sie den Raum, den Sie einnehmen, definieren? Spüren Sie irgendwelche Begrenzungen Ihrer selbst? Haben Sie das Gefühl, in Ihrem Körper zu sein? Sind Sie außerhalb Ihres Körpers? Fokussieren Sie weiter auf Ihr Gefühl des «Ich», während Sie sich fragen: «Wo bin ich?» Können Sie irgendeine andere Antwort darauf geben als *Hier*? Erinnern Sie sich jetzt an sich selbst in einer vergangenen Situation. Lassen Sie diese Situation in Ihrem Geist wieder aufleben, und versetzen Sie sich in sie hinein. Stellen Sie sich, während Sie diese Situation wiedererleben, die gleiche Frage noch einmal: «Wo bin ich?» Nicht: «Wo ist mein Körper?» oder «Wo ist mein Geist?», sondern: «Wo ist dieses ‹Ich›, das Gedanken und Gefühle hat und meinen Körper in Bewegung setzt?» Die einzige Antwort, die Sie auf diese Frage geben können, ist, daß Sie *hier* sind. Denken Sie in der gleichen Weise über Ihre Träume nach. Wo sind Sie, wenn Sie träumen? Sind Sie sich Ihrer selbst als irgendwo anders als «hier» im Traum gewahr? Sind Sie nicht immer noch diejenige, die erfährt und handelt?

Können Sie sich auch nur an einen einzigen Augenblick erinnern, in dem Sie nicht hier waren – einen Augenblick in der Vergangenheit, in der Gegenwart oder in Ihren Träumen? Nein. Sie sind immer *hier*. Dies ist eine Tatsache, obwohl Ihre Gedanken und Gefühle sich unablässig verändern. Sie sind immer hier, obwohl sich Ihr Körper im Laufe der Jahre völlig verwandelt hat. Sie haben auch dann das Gefühl, «hier» zu sein, wenn Sie träumen, und selbst dann noch, wenn Sie sich in einem veränderten Bewußtseinszustand befinden. Obwohl sich alles an Ihnen verändert, sind Sie immer *hier*.

Wenn Sie wissen wollen, wer Sie wirklich sind, müssen Sie sich immer wieder auf das Hier konzentrieren. Wo ist «hier»? Es ist der gegenwärtige Augenblick. Bewußt zu leben, in vollkommenem Selbstgewahrsein zu leben, bedeutet, jeden vergangenen Augenblick loszulassen und sich dem, was jetzt hier ist, zu öffnen. Indem Sie langsamer werden und sich in der Gegenwart zentrieren, wird sich jeder Augenblick ausdehnen und Welten von Bedeutung und neuer Erfahrung in sich tragen. Es ist, als würde die Zeit anhalten und als würden Sie in ein völlig neues Universum eintreten. Es ist hier, wo Inspiration, Intuition und Kreativität geboren werden. Es ist hier, wo Sie sich entspannen und wahre innere Erholung und Erneuerung finden. Ihr gesamtes Sein erweitert sich über alle Grenzen hinaus. Statt den Ansturm der täglichen Anforderungen einfach nur zu ertragen, werden Sie sich entspannen und in jeden Augenblick hineinspringen. Dann kann Ihnen sogar die schwierigste Erfahrung dabei helfen, zu wachsen und sich in neue Dimensionen hinein zu entwickeln.

Zentrierung in der Gegenwart in drei Schritten

Wie kann man sich in der Gegenwart zentrieren? Die Anweisungen sind einfach:

1. Wenn Sie feststellen, daß Sie an etwas anderes *denken* als an das, was Sie im gegenwärtigen Augenblick tun, lassen Sie diese Gedanken los, und lenken Sie Ihre Aufmerksamkeit wieder auf das *Jetzt* zurück.
2. Sobald Sie dessen gewahr werden, daß Ihre *Gefühle* Sie von Ihrem gegenwärtigen Fokus fortbringen, entziehen Sie ihnen Ihre Aufmerksamkeit, und richten Sie sie wieder auf das, was Sie *jetzt* tun.

3. Halten Sie Ihr Gewahrsein völlig auf das Hier-und-Jetzt gerichtet, was immer Sie tun.

Die Atemübung am Ende dieses Kapitels wird Ihnen helfen, sich in der Gegenwart zu zentrieren. Die Eßmeditation zeigt Ihnen, wie Sie eine ganz alltägliche Handlung als Übung für das Erwachen nutzen können. Lernen Sie durch diese Übungen, und wenden Sie dann das Gelernte auf alles andere in Ihrem Leben an.

Der Schlüssel ist, *jedes Ereignis und jede Handlung in Ihrem Leben als eine Gelegenheit zu nutzen, ganz hier und jetzt zu sein*. Wenn Sie nicht in der vereinfachten Umgebung eines Aschrams oder eines Retreat-Zentrums leben, so müssen Sie all den Verpflichtungen nachkommen und an alles denken, was Sie erledigen müssen, ohne darüber die Fokussierung auf das Hier-und-Jetzt zu verlieren. Im Aschram oder in einem Retreat-Zentrum hat man dieses Problem nicht, wie ich aus eigener Erfahrung weiß. Ich leite jetzt ein ansehnliches Unternehmen, habe eine Familie, organisiere den Haushalt, schreibe Bücher, produziere Musik und unterstütze Meditationsveranstaltungen. In einem so geschäftigen Leben gibt es tatsächlich die Möglichkeit, den Geist von Gedanken an die Zukunft zu befreien, so daß er ganz in der Gegenwart verweilt.

Die Lösung besteht darin, *die Dinge niederzuschreiben*. Versuchen Sie nicht, alles in Ihrem Kopf zu speichern. Besorgen Sie sich einen Kalender, in dem Sie notieren, was Sie zu erledigen haben. *Haben Sie dies getan, so hören Sie auf, darüber nachzudenken.* Lassen Sie jeden Gedanken daran, was Sie in Zukunft tun müssen, los, und kehren Sie in die Gegenwart zurück. Ein paar tiefe Atemzüge können zusätzlich dabei helfen.

Schreiben Sie Dinge auf, die Sie nicht vergessen wollen, sowohl die kurzfristigen als auch die langfristigen Termine. Legen Sie ein zweites Buch zum Niederschreiben Ihrer Gedanken und Ideen an, damit Sie sich nicht darüber zu sorgen brauchen, daß Sie diese vergessen könnten. Bewahren Sie alle Kalender und Notizen an einem Platz auf, der jederzeit leicht für Sie erreichbar ist.

Seien Sie Ihrer Gedanken gewahr

Nachdem Sie eine Weile geübt haben, wird es Ihnen leichter fallen, sich in der Gegenwart zu zentrieren. Schließlich wird dies automatisch eintreten. Zu Anfang jedoch werden Sie sich ständig bewußt darum bemühen müssen. Wie oft sind Sie schon irgendwo hingefahren und hatten im nachhinein keine Erinnerung mehr an die Fahrt? Wo waren Sie, als Ihr Körper automatisch das Auto fuhr? Wie viele Male haben Sie einem Menschen, der mit Ihnen sprach, nicht zugehört, weil Sie an etwas anderes dachten? Sie werden feststellen, daß Sie im Laufe des Tages immer wieder aus dem Hier-und-Jetzt abdriften.

Wenn Sie merken, daß Sie dies tun oder daß Ihre Gedanken in die Zukunft oder in die Vergangenheit abgeschweift sind, dann lassen Sie sie einfach los, und richten Sie Ihre Aufmerksamkeit wieder auf die Gegenwart. Folgende Atemübungen können Sie darin unterstützen:

1. Atmen Sie tief ein, und spüren Sie, wie Sie wieder in Ihr Zentrum zurückkehren, während der Atem in Sie hineinströmt.
2. Lassen Sie geschehen, daß Sie sich entspannen, während der Atem aus Ihrem Körper strömt. Lassen Sie die Verkrampfung in Ihrem Magen los sowie die Spannung in Ihrem Kiefer, in Ihrem Kreuz und in Ihren Kniebeugen. Lassen Sie Ihre Schultern fallen, und spüren Sie, wie Ihre Füße fest auf der Erde stehen.
3. Bringen Sie sich, während Sie sich entspannen und atmen, ins Hier-und-Jetzt zurück.

Wenn Sie denken, dann achten Sie darauf, daß Sie auch wirklich denken und nicht einfach den Geist schweifen lassen. Konzentrieren Sie sich ganz auf jeden Gedanken. Wenn Sie beispielsweise überlegen, welchen Film Sie sehen wollen, dann denken Sie nicht gleichzeitig darüber nach, wann der Babysitter kommen soll, was die Kinder zu essen bekommen müssen, wie müde Sie am nächsten Morgen sein werden, ob Sie dann Ihre Arbeit erledigen können usw. Sie brauchen sich nicht lange auf jeden einzelnen Gedanken zu konzentrieren, sondern können dies eventuell auch in Sekundenschnelle tun.

Denken Sie nur jeweils an eine Sache, und treffen Sie nur jeweils eine einzige Entscheidung. Wenn Sie gleichzeitig an viele Dinge denken, sind Sie nie wirklich auf einen Gedanken konzentriert. Sie sind auf *nichts* fokussiert – und landen im Nirgendwo.

Wenn Sie nur teilweise auf Ihre Gedanken, Gefühle und Handlungen konzentriert sind, so bringt Sie das nicht nur aus Ihrem gegenwärtigen Gewahrsein heraus, sondern es führt auch dazu, daß Sie diese Gedanken, Gefühle oder Handlungen niemals völlig aus Ihrer bewußten oder unbewußten Aufmerksamkeit entlassen können. Das führt wiederum dazu, daß sie sich in Ihrem Geist ansammeln, und dadurch entstehen Gefühle der Zersplitterung, der Angst oder des Überwältigtseins. Denn wenn Ihr Geist von einem halben Gedanken zum nächsten jagt, werden auch Ihre Gefühle verwirrt. Wenn dies zu lange anhält, stellt sich bei Ihnen entweder das Gefühl ein «auseinanderzufallen», oder Sie entwickeln ein Gefühl innerer Leere, weil Sie von Ihrer inneren Essenz getrennt sind. Nur indem Sie sich stärker in der Gegenwart zentrieren, können Sie diesen Prozeß umkehren und Ihren Weg durch das Lebenslabyrinth der Probleme sowie der täglichen Belastungen und Frustrationen finden.

In der Gegenwart zentriert zu sein bedeutet nicht, daß Sie keine Gefühle oder Gedanken mehr haben dürfen. Es geht nur darum, daß Sie sich nicht darin verlieren. Fokussieren Sie sich ganz auf jeden auftauchenden Gedanken, und lassen Sie ihn anschließend wieder ganz los. Verfahren Sie ebenso mit Ihren Gefühlen. Fühlen Sie Ihre Wut nicht nur teilweise, und fühlen Sie auch nicht gleichzeitig alles mögliche andere. Fühlen Sie einfach Ihre Wut jetzt, von Augenblick zu Augenblick.

In der Gegenwart zentriert zu sein muß nicht unbedingt bedeuten, daß Sie jetzt nur noch «gute» statt «schlechte» Gefühle haben. Dennoch werden Sie feststellen, daß Sie sich, wenn Sie besser in der Gegenwart zentriert sind, nicht mehr ganz so wütend, deprimiert, ängstlich oder überfordert fühlen. Wenn dies geschieht, verändert sich der Inhalt Ihrer Gefühle oft zum Positiven.

Es folgen zwei Übungen, die Ihnen helfen, sich stärker in der Gegenwart zu zentrieren. Sie können sie fast jederzeit ausführen: während Sie Ihrem Kind im Park zuschauen, während Sie kochen, Ihrer Arbeit nachgehen oder fernsehen. Sie können sie auch als regelmäßige Meditation praktizieren, für die Sie eine Stunde, eine halbe Stunde oder auch nur ein paar Minuten pro Tag reservieren.

Meditation:
Langes, tiefes Atmen zur Zentrierung in der Gegenwart

Dies ist eine der einfachsten, aber auch wirksamsten Meditationen überhaupt. Sie hat eine Vielzahl von Auswirkungen. Sie werden dadurch stärker in der Gegenwart zentriert. Ihr Geist und Ihre Emotionen beruhigen sich, und Ihr Körper entspannt sich. Sie erfahren ein Gefühl der Ausdehnung und des inneren Wohlbehagens, während sich Ihr Herz der Liebe öffnet, die immer in Ihnen ist. Wenn Ihr Herz-Zentrum offen ist, sind Sie in der Lage, sich emotional auszudrücken, Mitgefühl und Empathie zu empfinden. Die Meditation hilft Ihnen, in einen Zustand natürlichen Gleichgewichts einzutreten, Ihren Geist mühelos zu konzentrieren und klar zu denken. Sie eignet sich ausgezeichnet als regelmäßige Praxis, die Sie täglich drei Minuten, zehn Minuten oder über jede gewünschte Zeitspanne bis zu einer Stunde praktizieren können. Vielleicht spüren Sie bereits nach dem ersten Mal eine Wirkung, doch zeigen sich die meisten Auswirkungen erst im Laufe der Zeit.

Die Meditation

1. Sie sitzen bequem mit gerader Wirbelsäule, Ihre Füße stehen auf dem Boden, Ihre Beine sind nicht überkreuzt, Ihr Kinn ist waagerecht, und Ihre Augen sind geschlossen.

2. Wenn Sie wollen, können Sie die Handflächen wie beim Beten zusammenlegen und die Innenkanten Ihrer Hände mit leichtem Druck gegen die Mitte Ihrer Brust drücken. Sie können Ihre Hände auch in Ihrem Schoß ruhen lassen.

3. Atmen Sie langsam und tief durch die Nase ein und füllen Sie die Lunge ganz, ohne sich anzustrengen oder nach Luft zu schnappen. Spüren Sie, wie der Atem in Ihre Nase und hinunter in die Lunge strömt und diese füllt.

4. Wenn Ihre Lunge gefüllt ist, atmen Sie langsam durch die Nase aus, und lassen Sie alle Spannung mit dem Ausatmen los. Entspannen Sie die Lunge, und leeren Sie sie vollständig, ohne sich anzustrengen oder den Atem zu forcieren.

5. Während Sie atmen, richten Sie Ihre gesamte Aufmerksamkeit auf das Ein- und Ausströmen Ihres Atems. Wenn Gedanken oder Emotionen auftauchen, registrieren Sie sie einfach, und lassen Sie sie vorüberziehen. Bringen Sie Ihre Aufmerksamkeit immer wieder auf Ihren Atem zurück. Ganz gleich, was Sie sonst noch sehen, hören oder fühlen mögen, registrieren Sie es, und bringen Sie Ihre Aufmerksamkeit auf den Atem zurück. Schließlich werden die Bewegungen Ihres Geistes und Ihre Emotionen ruhiger werden, und Ihre Aufmerksamkeit wird sich mühelos fokussieren. Sie werden sich immer tiefer in sich selbst versenken.

6. Im Laufe der Zeit wird Ihr Atem immer langsamer werden, mit eindeutigen Pausen zwischen dem Ein- und dem Ausatmen. Wenn dies geschieht, richten Sie Ihre Aufmerksamkeit sowohl auf den Atem als auch auf die Zwischenräume zwischen den einzelnen Atembewegungen. Auf keinen Fall sollten Sie sich anstrengen, um Atem ringen oder bewußt versuchen, Ihren Atem zu verlangsamen.

7. Sie werden sich immer entspannter fühlen. Vielleicht fühlen Sie sich manchmal so leicht, als würden Sie schweben. Lassen Sie sich von solchen Empfindungen nicht in Ihrer Aufmerksamkeit ablenken. Registrieren Sie sie nur, und richten Sie Ihre Aufmerksamkeit wieder auf Ihren Atem.

8. Fahren Sie mit diesem langen, tiefen Atmen fort, bis Sie sich ruhig und zentriert fühlen, oder am Anfang zumindest drei Minuten lang. Verlängern Sie die Zeitspanne, wenn Sie sich dazu bereit fühlen. Sie werden selbst merken, wann Sie zentriert sind, weil dann ein tiefer Friede Sie erfüllt. Sie fühlen sich dann in Ihrem Zentrum, ohne irgendwelche störenden Gedanken oder Emotionen. Im Laufe des Übens wird sich das Gefühl einstellen, daß Sie reines Sein sind, das über Ihren Körper und Ihre Gedanken hinausgeht. Sie werden sich dann vollständig, ganz und vollkommen erfüllt fühlen.

Eßmeditation
zur Zentrierung in der Gegenwart

Nun folgt eine Meditation, die Sie während des Essens ausführen können, um zu lernen, in der Gegenwart zentriert zu sein. Ein positiver Nebeneffekt dieser Übung ist, daß Sie langsamer essen, besser kauen, mehr schmecken und Ihre Nahrung besser verdauen werden. Sie werden sich stärker der inneren Signale Ihres Körpers bewußt, so daß Sie bewußter entscheiden können, was und wieviel Sie zu sich nehmen. Und wenn Sie dem, was Sie essen, mehr Aufmerksamkeit schenken, werden Sie merken, welche Nahrung Ihnen guttut und welche nicht, und Sie werden sich automatisch gesünder ernähren. Außerdem werden Sie auch weniger essen. Deshalb ist diese Meditation auch sehr hilfreich, wenn Sie abnehmen und durch bewußte Ernährung gesünder werden wollen. Sie können diese Eßmeditation allein oder mit Ihrer Familie zusammen ausführen.

Die Meditation

1. Schließen Sie ein paar Minuten die Augen. Sammeln Sie sich beim Einatmen, und entspannen Sie sich beim Ausatmen. Wiederholen Sie dies drei- oder viermal. Wenn Sie wollen, so stimmen Sie sich noch weiter ein, indem Sie einen Augenblick lang Dankbarkeit für Ihr Leben, für Ihre Nahrung und für die Pflanzen und Tiere empfinden, die ihr Leben für Sie geopfert haben.

2. Öffnen Sie die Augen, und schauen Sie sich das Essen auf Ihrem Teller an. Registrieren Sie, wie es aussieht. Registrieren Sie seine Farbe, seinen Geruch, die Anordnung der verschiedenen Bestandteile und andere Dinge.

3. Nun fangen Sie zu essen an. Seien Sie dessen gewahr, wie Sie Ihr Eßbesteck aufnehmen, wie Ihre Hand das Besteck ergreift. Seien Sie des Schneidens, des Schöpfens, des Hineinstechens, des Zusammenschiebens und anderer Handlungen gewahr. Seien Sie sich des Beugens Ihres Armes und jeder anderen Bewegung Ihres Körpers gewahr.

4. Richten Sie Ihr Gewahrsein als nächstes darauf, wie Sie die Nahrung kauen. Spüren Sie, wie Ihre Zähne zusammenkom-

men und wie Ihr Kiefer sich bewegt, wenn Sie das Essen kauen. Spüren Sie die Hitze oder Kälte, die Oberfläche und die Konsistenz der Nahrung.

5. Spüren Sie beim Kauen, wie Ihre Zähne sich berühren und Ihr Kiefer sich unablässig bewegt. Spüren Sie, wie Ihre Zunge die Nahrung im Mund umherbewegt. Achten Sie darauf, wo die Nahrung Ihre Zunge und die Mundhöhle berührt. Was ist das für ein Gefühl im Mund? Achten Sie darauf, wie sich der Speichel bildet und sich mit der Nahrung vermischt, und darauf, wie sich das Oberflächengefühl und die Temperatur der Nahrung während des Kauens verändern.

6. Nachdem Sie das Kauen erfahren haben, schlucken Sie das Gekaute hinunter, und achten Sie darauf, wie es durch die Kehle und Speiseröhre in Ihren Magen gelangt. Spüren Sie Wärme oder Kälte, während die Nahrung hinabgleitet? Registrieren Sie, wie Ihr Magen sich anfühlt, während er das Essen aufnimmt. Seien Sie sich auch aller anderweitigen Körperempfindungen gewahr, die auftreten, während Ihr Körper sich mit Nahrung füllt.

7. Seien Sie, während Sie beißen, kauen und schlucken, des Geschmacks der Nahrung gewahr, ohne ihn als gut oder schlecht zu bewerten. Registrieren Sie nur, wie es schmeckt. Registrieren Sie jeden Nachgeschmack, der in Ihrem Mund zurückbleibt, nachdem Sie das Essen hinuntergeschluckt haben.

8. Lassen Sie unterdessen alle Gedanken, Urteile, Gefühle und andere Ablenkungen los. Registrieren Sie sie einfach nur, und entlassen Sie sie dann aus Ihrem Geist. Richten Sie Ihre Aufmerksamkeit wieder auf die Nahrung und auf den Prozeß des Essens.

9. Registrieren Sie Ihre Eßgeschwindigkeit. Sind Sie völlig damit beschäftigt, noch mehr Essen in Ihren Mund zu befördern, bevor Sie überhaupt geschmeckt haben, was jetzt darin ist? Dadurch bringen Sie sich selbst darum, den Geschmack ganz auszukosten und den Vorgang des Essens in seiner ganzen Vielfalt zu erfahren. Nehmen Sie sich einen Augenblick Zeit, Ihren Körper zu spüren. Stellen Sie fest, ob Sie genug zu essen gehabt haben, ob Sie sich satt fühlen. Wenn ja, dann hören Sie auf zu essen.

10. Wenn Sie mit dem Essen fertig sind, dann richten Sie Ihre Aufmerksamkeit darauf, wie Sie das Eßbesteck niederlegen und die Serviette entfernen (falls Sie eine benutzt haben).

11. Registrieren Sie, wie Sie sich fühlen, nachdem Sie die Mahlzeit beendet haben. Sind Sie zufrieden? Hat das Essen einen Nachgeschmack hinterlassen? Spüren Sie die Wärme eines vollen Magens? Seien Sie sich ein paar Augenblicke lang aller Gefühle und Gedanken bewußt, die in Zusammenhang mit der Mahlzeit in Ihnen auftauchen. Nachdem Sie sie registriert haben, lassen Sie sie los. Seien Sie dessen gewahr, was Sie tun, um das Ende Ihrer Mahlzeit anzuzeigen. Stehen Sie dann in vollkommenem Gewahrsein vom Tisch auf.

Durch diese Eßmeditation lernen Sie, mehr im Hier-und-Jetzt zu sein. Sie werden im Laufe der Zeit viele andere Bereiche in Ihrem Leben entdecken, in denen Sie die gleiche Methode anwenden können. Beispielsweise können Sie dies beim Zähneputzen, beim Duschen, beim Ankleiden, beim Spazierengehen, beim Wechseln der Windeln und beim Autofahren tun. Entscheidend ist bei dieser Form der Meditation, sich so intensiv wie möglich auf jede Handlung, jede Wahrnehmung und jede Empfindung zu konzentrieren, so daß Sie völlig im Hier-und-Jetzt sind. Wenn Sie aus der Zen-

triertheit in der Gegenwart heraus wahrnehmen und handeln, können sogar die alltäglichsten Verrichtungen Ihnen helfen, zur Erleuchtung zu gelangen.

❧ ❧ ❧　*Hier sein*

Wenn du hier bist,
　　hat dies nichts mit dem zu tun,
　　was um dich herum ist.

Denn –
Hier zu sein
　　steht außerhalb von Kategorien
　　wie Zeit, Raum und Materie.

Hier zu sein
　　heißt, überall zu sein
　　und gleichzeitig nirgendwo.

Tatsächlich –
bist du niemals
　　irgendwo anders
　　als hier.

Wenn du hier bist,
　　ist dein Leben
　　unendlich. ❧ ❧ ❧

*Letztlich ist Liebe
das Zentrum aller Schöpfung.*

Beobachten

Die zweite Übung

*Beobachten bedeutet, die eigene Erfahrung von Augen-
blick zu Augenblick im «Hier-und-Jetzt» zur Kenntnis
zu nehmen, ohne sie durch Urteile, Hoffnungen, Meinungen, Definitionen, Zweifel, Angst oder andere men-
tal-emotionale Reaktionen zu verzerren. Wenn Sie beobachten, registrieren Sie einfach nur, ohne aktiv zu werden
oder eine Entscheidung über das, was Sie registrieren,
zu treffen. Sie müssen so ehrlich wie möglich sich selbst
gegenüber sein, um etwas so, wie es tatsächlich ist, zu
erfahren, und nicht so, wie Sie es sich wünschen oder wie
Sie es befürchten.*

Es gibt nichts im Leben, was Sie nicht beobachten können, ob es
sich nun um Gedanken, Gefühle, äußere Erscheinungen, Motivationen, Ursache-Wirkung-Zusammenhänge oder um was auch immer handelt. Alles, was Sie umgibt, können Sie zur Kenntnis nehmen.

Wenn Sie in der Lage sind, Dinge so, wie sie sind, zu beobachten, und nicht so zu sehen, wie Sie glauben, daß sie beschaffen sind,
wird Ihr Verständnis wachsen, und Sie werden zu echter Weisheit
gelangen. Doch auch in praktischer Hinsicht hat diese Art zu sehen

viele positive Auswirkungen. Beispielsweise werden Ihre Handlungen und Entscheidungen dadurch effektiver und der Situation angemessener, in Ihrem Privatleben ebenso wie in Ihrem Beruf. Wenn Sie beobachten können und mit sich selbst in Kontakt sind, so wie Sie wirklich sind, können Sie mit anderen auf die gleiche Weise umgehen. Ihre Beziehungen werden dann tiefer und erfüllender, als sie es je zuvor waren.

Sehen und der Prozeß
der Abtrennung vom Selbst

Es kann sehr nützlich sein, sich vorzustellen, «Sehen» und «Beobachten» seien zwei völlig unterschiedliche Prozesse. Dabei beinhaltet «Sehen», daß Sie sich selbst von dem abtrennen, was Sie anschauen, damit Sie es benennen, vergleichen, unterscheiden und darauf reagieren oder darüber Entscheidungen treffen oder Annahmen machen können mit dem Ziel, es zu verstehen und einzuordnen. (Dies gilt nicht nur für das Sehen, sondern für alle Informationen, die Sie durch einen Ihrer fünf Sinne empfangen.) Es ist, als befände sich in Ihrem Kopf eine Stimme, die ununterbrochen kommentiert, was Sie sehen oder mit Ihren Sinnen wahrnehmen; sie interpretiert unablässig Ihre Erfahrungen, statt Ihnen die Möglichkeit zu geben, sie einfach aufzunehmen. Ein Freund von mir hat einmal gesagt, dies sei so ähnlich, als gehe man mit jemandem in einen Film und der würde während der ganzen Vorstellung ständig reden und erzählen, was wohl als nächstes komme und wie er die einzelnen Szenen finde! Diese Art von «Sehen» erzeugt einen Abstand zur Welt und ein Gefühl des Abgetrenntseins, das sehr unangenehm sein und Ihnen jegliche Freude am Reichtum und an der Schönheit des Lebens rauben kann.

Der Abtrennungsprozeß beginnt unmittelbar nach unserer Geburt, wenn wir allmählich lernen, das, was wir sehen, als von uns getrennte Objekte aufzufassen. Es ist dieses Benennen, das unsere

Eltern und unsere Kultur uns vermitteln: «Sieh mal, da ist ein Entchen.» – «Da ist Mami.» – «Hier ist deine Flasche.» Dieser Prozeß wird noch intensiver, sobald wir zu sprechen anfangen. Schließlich benennen wir alles, was wir sehen, und zwar so schnell, daß es sich unserem Bewußtsein entzieht. Der Prozeß wird schließlich so automatisch wie das Atmen, so daß wir uns seiner nur dann gewahr werden, wenn wir unsere Aufmerksamkeit bewußt darauf richten.

Gegen diesen Prozeß der Abtrennung von der Welt und des Schaffens von Objekten ist an sich nichts einzuwenden. Um sprechen zu können, zu anderen in Beziehung treten zu können und auf andere Weise im täglichen Leben zurechtzukommen, müssen wir eine Trennung zwischen Subjekt (ich) und Objekt (die anderen) herbeiführen. Doch sobald unser Verstand etwas, das wir sehen, benennt, schränken wir unsere Erfahrung ein und zwingen sie, sich in unsere mentale Beschreibung einzupassen. Unsere Welt schrumpft auf eine überschaubare Größe zusammen. Wir erfahren sie nicht mehr unmittelbar. Statt dessen erleben wir sie nun so, wie es den Bildern, Worten und Interpretationen entspricht, die wir in unserem Gehirn gespeichert haben. Wenn wir beispielsweise einen Baum anschauen, «wissen» wir automatisch, daß er grün und braun ist und daß seine Blätter sich bewegen, weil der Wind weht. Wir «wissen» sogar, ohne hinzuschauen, daß er aus der Erde wächst, und brauchen uns nur mit einem kurzen Blick zu vergewissern, daß die braune Erde tatsächlich da ist. Auf den zweiten Blick sehen wir vielleicht das Grün an der Wurzel des Baums und wissen, daß dies Gras ist. Weil wir (aufgrund der Eigenschaften ähnlicher Objekte, die wir in der Vergangenheit kennengelernt haben) «wissen», wie Bäume, Erde und Gras aussehen, glauben wir, nicht genauer hinschauen zu müssen. Wahrscheinlich würden wir gar nicht bemerken, daß sich ein weißer Vogel in den Zweigen versteckt, daß zerplatzte Früchte auf dem Boden darunter liegen oder daß ein kleines Mädchen hinter dem Stamm hervorlugt. Weil wir es nicht für nötig halten, näher hinzuschauen, sehen wir nur das, was wir «wissen», nicht das, was wirklich da ist. Wie viel von der physischen Welt, die uns umgibt, entgeht uns auf diese Weise!

Auch unsere Erfahrung unserer selbst und anderer schränken wir ein, wenn wir Urteile darüber fällen wie: «Ich bin dick!» – «Du bist schön!» – «Ich bin verwirrt!» Oder: «Wir sind gut, sie sind schlecht.» – «Wir sind glücklich, sie sind unglücklich.» – «Ich bin Julie ...» – «Ich bin Ted ...» – «Ich weiß ...» – «Ich weiß nicht!» – «Sie sind Studenten.» – «Ich bin Vater.» Wir kategorisieren und bewerten ständig uns selbst und andere und entfernen uns immer weiter von unserer direkten Erfahrung. Wir vergessen, daß sich alles in der Welt – auch jeder Mensch – permanent verändert, und wir sehen nicht, was frisch und neuartig ist, während sich jeder Augenblick entfaltet. Immer wieder beziehen wir uns auf das, was wir über die anderen «wissen», statt uns zu erlauben, sie tiefer zu erfahren – nämlich, wie sie wirklich sind. Wie leicht werden Beziehungen flach, langweilig und nichtssagend, wenn wir unbewußt alles zu Objekten machen und wir uns auf diese Weise einkapseln. Wie einschränkend können unsere Beziehungen sein, wenn wir einander unbewußt durch Urteile und Interpretationen auf Abstand halten.

Beobachten

Durch Beobachten können wir diesen Prozeß der Abtrennung umkehren und uns selbst und unser Leben direkter erfahren. Wenn wir beobachten, halten wir uns von dem, was wir sehen, nicht getrennt, weil wir das Gesehene nicht zu etikettieren oder zu beschreiben versuchen. Zu beobachten bedeutet, die Oberfläche der Dinge zu durchschauen und einen Augenblick lang alles «Wissen» loszulassen, um zu sehen, wie die Dinge wirklich sind. Zu beobachten bedeutet, alles, was wir «wissen», loszulassen, um uns selbst und die Welt als frisch und neu zu erfahren, als einen Augenblick, der nie zuvor existiert hat und der niemals wieder existieren wird.

Denken Sie nur daran, wie interessant es ist, etwas Neues zu erfahren! Wenn etwas neu ist, zieht es unsere Aufmerksamkeit in seinen Bann. Stellen Sie sich einmal vor, daß jemand zu Ihnen sagt, er wolle Ihnen eine Kostprobe vom besten Dessert geben, das er in seinem ganzen Leben kennengelernt habe. «Dieses Dessert ist so gut, daß es dich umschmeißt!» Jetzt stellen Sie sich vor, Sie bringen einen Löffel von diesem Dessert an Ihre Lippen. Sie schauen auf den Löffel, öffnen den Mund und nehmen mit völliger Konzentration den Geschmack dieses allerköstlichsten Desserts wahr. Während sich Ihr Mund füllt, sind Sie sich einen Augenblick lang des exquisiten Geschmacks gewahr, und während Sie schlucken, genießen Sie, wie der Geschmack in Ihrem Mund nachklingt.

Nun vergleichen Sie dies einmal damit, wie Sie gewöhnlich essen. Das macht wesentlich weniger Spaß! Selten genießen wir jeden Bissen so wie die Kostprobe dieses Desserts. Meist unterhalten wir uns beim Essen und sind so sehr mit anderen Dingen beschäftigt, daß wir kaum etwas schmecken. Unsere Aufmerksamkeit ist auf etwas anderes gerichtet. Es kommt oft vor, daß man eine Mahlzeit einnimmt und sich dann an fast nichts mehr erinnert als an ziemlich allgemeine und weitgehend automatisierte Kategorisierungen wie «gut», «nicht gut», «scharf», «zu trocken», «genau, wie ich es mag» und so weiter. Nun überlegen Sie einmal, um wieviel interessanter jene Kostprobe des neuen Desserts war. Sie waren hundertprozentig darauf konzentriert, dachten an nichts anderes und waren in diesem Augenblick vollkommen entspannt und Sie selbst. Das ist Beobachten. Wenn Sie beobachten, wird das Leben viel interessanter. Sie fühlen sich stärker beteiligt, gegenwärtiger, innerlich weiter und lebendiger.

Beim Beobachten sind Sie so involviert, daß Sie nichts «wissen». Als Sie das Dessert probierten, wußten Sie nicht, was Sie schmecken würden. Sie haben es einfach nur geschmeckt. So leert sich beim Beobachten Ihr Geist und hört auf, nach Erklärungen zu suchen, sich einzumischen, Schlußfolgerungen zu ziehen, zu benennen oder zu kategorisieren. Beobachten ist also das Gegenteil von gewöhnlichem Sehen. Es existiert keine Empfindung des

«Ich» als verschieden und getrennt vom «anderen». Der Teil von Ihnen, der unablässig analysiert, vergleicht, unterscheidet und auf andere Weise Ihre unabhängige Identität zu wahren sucht, ist still. Sie haben das Gefühl, mit der Welt zu verschmelzen und mit ihr in Einklang zu sein. Beim Beobachten spüren und erfassen Sie intuitiv Ihr tieferes inneres Wissen und treten schließlich damit in Kontakt. Je mehr Sie Beobachten üben, um so mehr offenbart sich Ihnen jenes tiefere innere Wissen.

Beobachten kann man nur in der Gegenwart, nicht in der Vergangenheit oder in der Zukunft. Sie können nur das beobachten, was tatsächlich jetzt hier ist. Die Vergangenheit ist wie ein Schatten, nur eine Erinnerung, die in Ihrem Geist gespeichert ist. Sie können die tatsächliche Vergangenheit nicht beobachten. Sie können jedoch sich selbst beobachten, wie Sie die Vergangenheit und die Bilder aus der Vergangenheit wieder aufleben lassen, die in Ihrer Erinnerung gespeichert sind. Ebenso können Sie auch die Zukunft nicht beobachten, das, was noch geschehen wird. Sie können nur die Bilder in Ihrem Geist beobachten oder sich selbst dabei, wie Sie Befürchtungen und Hoffnungen hegen, sich etwas vorstellen oder über die Zukunft spekulieren. Je besser Sie in der Lage sind, im Hier-und-Jetzt statt in der Zukunft oder in der Vergangenheit zentriert zu sein, um so mehr werden Sie beobachten können.

Sie werden staunen, was geschehen wird, wenn Sie immer mehr beobachten. Die Schleier des Benennens und Objektivierens, die zuvor die Welt und Ihr Selbst vor Ihnen verborgen gehalten haben, werden sich nach und nach auflösen. Wenn Sie allmählich all das erfahren, dem gegenüber Sie zuvor blind gewesen sind, wird sich Ihre Welt in einem Maße erweitern, wie Sie es sich nie hätten träumen lassen. Sie wird ihre wahre Natur offenbaren. Und Ihr inneres Selbst wird sich ebenfalls enthüllen. Wenn sich Ihre Sicht auf diese Weise erweitert, werden Sie viel mehr über die Menschen und das Leben um Sie herum lernen. Während Sie lernen, sich zu entspannen, verletzlicher zu sein und mit dem inneren Kern anderer in Konflikt zu treten, werden Ihre Beziehungen viel tiefer werden. Sie werden intuitiver, inspirierter, energievoller und kreativer. Bei den meisten von uns geschieht dies jedoch nicht über Nacht. Aber wenn wir bereit sind, langsamer zu werden und etwas weniger zu «wissen», und wenn wir uns die Zeit nehmen hinzuschauen, wird dies mehr und mehr zur Realität. Seien Sie also geduldig mit sich selbst. Machen Sie sich die Übung des Beobachtens zur Gewohnheit, und all dies wird sicherlich eintreten.

Meditation:
Wie Sie beobachten können

Es folgt nun eine Anleitung für das Beobachten. Führen Sie diese Übung zumindest am Anfang an einem Ort aus, an dem Sie ungestört sind und nicht abgelenkt werden. Üben Sie am Anfang nur ein paar Minuten lang, und dehnen Sie die Zeitspanne dann allmählich, wenn Sie möchten, bis zu einer Stunde am Tag aus. Auf diese Weise werden Sie lernen zu beobachten. Später können Sie die Übung in Ihren Alltag integrieren, denn Sie können alles jederzeit beobachten, bei der Arbeit, zu Hause, im Auto, beim Zusammensein mit Freunden und Fremden.

Wenn Ihnen die Zeit fehlt, diese Übung über eine festgesetzte Zeitspanne zu Hause zu praktizieren, können Sie sie auch gleich von Anfang an in Ihren Alltag einbeziehen. Viele Menschen beginnen mit dem Beobachten, während Sie einer Routinetätigkeit wie Joggen, Spazierengehen, Geschirr spülen, Kopieren oder ähnlichem nachgehen.

Die Meditation

1. Wählen Sie ein Objekt, ein Gefühl, einen Gedanken oder eine Aktivität, die Sie beobachten wollen. Richten Sie Ihre ganze Aufmerksamkeit darauf. Wenn Sie die Übung zu Hause ausführen, könnten Sie beispielsweise eine Kerze anzünden und

diese beobachten. Oder Sie beobachten eine Blume oder ein Gefühl der Traurigkeit oder Freude, das Sie im betreffenden Augenblick empfinden.

2. Nehmen Sie immer mehr von dem wahr, was die betreffende Aktivität, das Objekt, das Gefühl oder den Gedanken ausmacht. Wenn Sie Ihre Aufmerksamkeit auf diese Weise fokussieren, werden Sie möglicherweise bemerken, daß sich Ihnen Gedanken und Gefühle oder Ihre «innere Stimme» aufdrängen. Ist dies der Fall, so lassen Sie die «Eindringlinge» einfach gewähren, erkennen Sie an, daß sie da sind, und lassen Sie sie dann los, indem Sie Ihre Aufmerksamkeit zum gewählten Objekt zurücklenken. (Als ich selbst kürzlich diese Übung ausführte, wurde ich immer wieder von beunruhigenden Gedanken abgelenkt, die sich auf mein Unternehmen bezogen. Schließlich mußte ich mir innerlich sagen: «Okay, ich habe das Problem registriert, und ich werde mich später darum kümmern. Aber jetzt möchte ich meine Aufmerksamkeit auf meine Meditation richten.») Leeren Sie Ihren Geist immer wieder, indem Sie die Aufmerksamkeit auf das zurücklenken, was Sie beobachten.

3. Wenn Sie das Gefühl haben, daß Sie sich anspannen, dann konzentrieren Sie sich einen Augenblick lang auf den Bereich, in dem die Spannung auftritt. Lassen Sie dann diese Muskeln sich allmählich entspannen, lassen Sie sie immer weicher und wärmer werden, so daß ein angenehmes Gefühl sich darin ausbreitet. Sie können sich auch mittels Ihres Atems entspannen. Lassen Sie die Spannung mit Ihrem Ausatmen ausströmen, und spüren Sie, wie mit dem Einatmen ein Gefühl des Friedens Sie erfüllt. Fahren Sie, während Sie dies tun, mit dem Beobachten fort.

4. Gehen Sie sanft mit sich um. Zwingen Sie sich nicht dazu, sich zu konzentrieren oder nicht zu denken, denn wenn Sie dies

versuchen, überschlagen sich Ihre Gedanken und Emotionen nur um so mehr.

Haben Sie keine Angst davor, alles zu registrieren, was Sie registrieren können. Seien Sie sich selbst gegenüber vollkommen ehrlich. Dies wird Ihnen helfen, die Beobachtungsfähigkeit zu entwikkeln. Je besser diese ausgebildet ist, um so mehr unterschwellige Feinheiten sehen Sie. Sie werden verborgene Motivationen und tiefere Emotionen entdecken. Sie werden das unablässige Wechselspiel zwischen Gedanken und Emotionen erkennen und auch, wie eine Handlung die andere beeinflußt. Suchen Sie immer die Wahrheit, statt an bequemen Annahmen über sich selbst und die Welt festzuhalten. Seien Sie abenteuerlustig und mutig, denn das Beobachten ist die Straße zur Weisheit.

Selbstakzeptanz und Identität

Die zum Beobachten nötige Ehrlichkeit erfordert, daß Sie sich selbst akzeptieren. (Weiteres zu diesem Thema finden Sie in Kapitel 6.) Wenn wir auf diese Weise beobachten, entdecken wir oft etwas, das uns nicht gefällt. Zuerst versuchen wir gewöhnlich, das, was an die Oberfläche gekommen ist, abzuwehren oder zu verleugnen. Doch jedesmal, wenn wir abwehren oder verleugnen, drängen wir unsere Entdeckung in den Untergrund, und von dort wird sie mit Sicherheit irgendwann wieder auftauchen. Beobachten wir hingegen einfach weiter, so löst sich die negative Ladung allmählich auf, bis schließlich unser anfängliches Unbehagen gegenüber dieser Sache ganz verschwunden ist. Hören Sie also in einem solchen Fall nicht auf zu beobachten. Haben Sie keine Angst, ehrlich mit sich selbst zu sein. Sich selbst zu beobachten ist zweifellos am schwierigsten, weil das, was man dabei entdeckt, am schwierigsten zu akzeptieren ist. Wenn Sie wirklich ehrlich beobachten, müssen Sie möglicherweise alte Vorstellungen darüber, wer und wie Sie sind, fallenlassen. Sie werden auf Seiten von sich selbst stoßen, deren Sie sich schämen, die Sie traurig machen oder die Sie nur schwer akzeptieren können. Vielleicht entdecken Sie Eifersucht oder Gier bei sich oder erfahren Sie auch schmerzhafte Gefühle des Ungeliebtseins oder des Nichtakzeptiertseins.

Ich selbst habe mich sehr schwer damit getan zu akzeptieren, daß ich starke Wutgefühle in mir trug. Ich hatte ein Bild davon ver-innerlicht, wie ein perfekter spiritueller Mensch ist: ähnlich dem immer gelassenen Buddha. «Buddha wurde nie wütend!» ver-suchte ich mir einzureden. Folglich durfte ich, wenn ich ein spiritu-eller Mensch sein wollte, niemals wütend sein, sondern mußte stets versuchen, derartige Gefühle umzuwandeln. Wenn ich auch nur ansatzweise Wut in mir bemerkte, redete ich mir ein, sie existiere nicht, ich hätte sie umgewandelt oder es handle sich dabei um etwas anderes als Wut. Wenn irgend jemand auch nur die leiseste Andeu-tung darüber machte, daß ich wütend sei, stritt ich dies stets vehe-ment ab. Doch je mehr ich meine Wutgefühle verdrängte, um so schlimmer wurden sie. Eine Zeitlang weigerte ich mich, überhaupt meine Wut zu beobachten. Schließlich konnte ich sie nicht mehr länger ignorieren. Ganz allmählich fing ich an, sie zur Kenntnis zu nehmen, statt sie zu leugnen. Dann bemerkte ich, wie ich ver-suchte, nicht wütend zu sein, und ich entdeckte, daß ich dies tat, weil ich mich jedesmal, wenn ich wütend war, schlecht, wertlos und nicht liebenswert fühlte.

Als ich meine Wut und die ihr zugrundeliegenden Emotionen weiter beobachtete, geschah etwas sehr Merkwürdiges. Je länger ich meine Wut beobachtete, um so schwächer wurde sie, bis sie schließlich nur noch eine Emotion unter anderen war, die ich von Zeit zu Zeit empfand. Am Ende gab ich sogar meine Vorstellung auf, daß ein spiritueller Mensch niemals wütend ist. (Was mir dabei half, war der Gedanke daran, daß sogar Jesus beim Anblick der Geldwechsler im Tempel einen Wutausbruch bekam und ihre Tische umwarf.) Mein Gefühl, schlecht oder wertlos zu sein, wenn ich wütend war, löste sich vollständig auf.

Statt negative Gefühle zu ignorieren oder vor ihnen davonzulaufen, sollten Sie sie beobachten. Lassen Sie zu, daß sie in Ihnen existieren und kommen und gehen. Dann wird ihre negative Ladung schwächer werden. Sie werden wissen, daß sie nicht ihren tief inneren Kern ausmachen, sondern nur vorübergehende Gefühle. Wenn es Ihnen schwerfällt, Ihre negativen Aspekte oder «Schattenseiten» zu akzeptieren, hilft es Ihnen vielleicht, einmal über die folgenden Worte nachzusinnen:

Erleuchtung bedeutet nicht,
ein vollkommener Mensch zu werden,
sondern nur,
vollkommen menschlich zu werden.

Heißt es denn nicht, daß wir nach dem
Ebenbild Gottes geschaffen seien?

Nicht nur negative Dinge sind schwer zu akzeptieren. Manchmal ist dies bei positiven Dingen ebenso schwer. Schöne Frauen beispielsweise lehnen ihre Schönheit oft ab, weil sie glauben, andere Menschen fühlten sich nur wegen ihres schönen Körpers, nicht wegen ihrer Persönlichkeit zu ihnen hingezogen. Beobachten Sie sich unvoreingenommen, und akzeptieren Sie die ganze Wahrheit, während Sie sie im sich unaufhörlich verändernden gegenwärtigen Augenblick erleben.

Sich selbst akzeptieren heißt nicht, daß Sie nie ein Gefühl oder Teile von sich verändern. Es bedeutet nur, daß Sie während der Zeit, in der Sie sich im Zustand der Beobachtung befinden, alles akzeptieren. Nachdem Sie beobachtet haben, können Sie darüber entscheiden, ob Sie etwas verändern wollen oder nicht. Es ist nicht einmal ratsam, Veränderungen vorzunehmen, bevor Sie sich nicht eine Weile offen und ehrlich beobachtet haben, denn Ihnen muß wirklich klarwerden, welche Veränderungen Sie herbeiführen wollen. Alles andere ist nicht sinnvoll. Und wenn Sie etwas verändern wollen, dann beobachten Sie sich bei der Entscheidung, etwas zu verändern, und anschließend bei der Durchführung der Veränderung.

Beim Beobachten entwickeln Sie allmählich ein Gefühl der Identität, das von Ihrem Geist und von Ihren Emotionen unabhängig ist. Sie identifizieren sich dann mit dem Beobachter, nicht mit dem Teil von Ihnen, den Sie gerade beobachten. Wenn Sie beispielsweise wütend werden, sind Sie nicht nur einfach wütend, sondern Sie sind auch die Person, die die Wut beobachtet. Es ist, als würden Sie zu sich selbst sagen: «Aha, das ist die Wut, das ist meine Stimme, die sich erhebt, das ist ein Schuldgefühl, das ich deswegen habe, das hier ist eine Zusammenkrampfung meines Magens, hier ist der Wunsch zuzuschlagen, hier ist das Gefühl der Verletzung und Trauer» und so weiter. Statt irrtümlicherweise anzunehmen, daß Sie selbst die Wut (und die damit verbundenen Reaktionen) *sind*, *haben* Sie sie nur. Je mehr Sie beobachten, um so stärker werden Sie sich Ihrer selbst als des Immer-Ruhigen (des Beobachters) gewahr, an dessen Oberfläche diese endlosen Gedanken und Gefühle auftauchen und wieder vergehen.

Wenn Sie weniger stark persönlich verstrickt sind und mehr über die Funktionsweisen Ihres Geistes und Ihrer Emotionen wissen, werden Sie sich auf eine andere Weise erleben. Sie werden immer noch fühlen und denken, aber dies wird nicht mehr so wichtig oder so überwältigend sein. Wenn Sie weniger stark engagiert sind, wird Ihre Angst nicht mehr so lange anhalten oder nicht mehr so intensiv sein. Ihre Trauer wird sich schneller auflösen, Sie werden sich nicht mehr so verzweifelt an vorübergehende Gefühle, beispielsweise an solche der Ekstase, klammern und sich statt dessen auf das tiefere Glücksgefühl in Ihrem Inneren verlassen, das nun ganz natürlich hervorkommen kann. Wenn Ihre Gedanken und Gefühle Sie immer weniger einsperren, vertieft sich diese Empfindung zu einer wort- und formlosen Klarheit. Sie entwickeln eine reiche Stille und ein nicht beschreibbares, friedvolles Gefühl der Identität, das nichts mit dem «vorübergehenden Schauspiel» der beobachteten Dinge gemein hat. Mit diesem Bewußtsein breitet sich ein Gefühl tiefen inneren Glücks in Ihrem Herzen aus.

Beobachten im täglichen Leben

Diese Praxis des Beobachtens eignet sich hervorragend für Menschen, die sehr beschäftigt sind, weil es immer etwas gibt, das man beobachten kann. Wenn Sie draußen sind, beobachten Sie die Natur. Schauen Sie, wie der Wind die Blätter bewegt, wenn er durch die Bäume bläst. Beobachten Sie die wechselseitige Abhängigkeit aller Tiere, Pflanzen und Menschen voneinander sowie der Erde und des Himmels, und sehen Sie, wie Veränderungen in einem Bereich alles andere beeinflussen. Wenn Sie Geschirr spülen, beobachten Sie, wie sich die Speisereste vom Teller lösen, fühlen Sie das Seifenwasser an Ihren Händen, spüren Sie, wie sich der Spüllappen und das Wischen über den Teller anfühlen. Wenn Sie eine Tasse Tee trinken oder ein Essen kochen, beobachten Sie alle Details jeder einzelnen Handlung, jeden Geruch und jede Geschmacksempfindung von Anfang bis Ende. Beobachten Sie jedes Detail an jedem Objekt, das bei dem, was Sie tun, eine Rolle spielt. Die altvertraute Teekanne beispielsweise sieht jedesmal, wenn Sie sie anschauen, anders aus. Wenn Sie sie in Ihren Händen halten, spiegelt sich das Licht jedesmal anders auf ihrer Oberfläche. Die Tropfen, die an der Seite herablaufen, bilden jedesmal ein anderes Muster. Die Teeblätter auf dem Boden der Kanne sind jedesmal anders angeordnet.

Ihr Leben hält unendlich viel mehr für Sie bereit, wenn Sie anfangen zu beobachten. Selbst die alltäglichsten Dinge werden dann bedeutungsvoll und interessant. Ihre gesamte Sicht verändert sich. Das Leben wird zu Ihrem Verbündeten, statt Ihr Feind zu sein, weil alles, was darin geschieht, ob bedrohlich oder unbedeutend,

Ihnen die Möglichkeit gibt, Weisheit zu entwickeln. Wenn Sie das Leben zuvor nur ertragen oder irgendwie zu bewältigen versucht haben, wird es nun zu einer Entdeckungsreise. Die Übung des Beobachtens hilft uns, Angst und Unsicherheit loszulassen, uns zu entspannen und jeden Aspekt unseres Lebens zu umarmen.

Beobachten Sie, und stellen Sie fest, wie sehr Ihre Welt von Ihren Gedanken und Gefühlen bestimmt ist. Haben Sie beispielsweise bemerkt, wie häßlich die Welt Ihnen vorkommt, wenn Sie schlechter Laune sind? Und ist Ihnen schon einmal aufgefallen, wie wundervoll die Welt zu sein scheint, wenn Sie verliebt sind? Durch Beobachten werden Sie letztlich sehen, daß Ihre Gedanken und Gefühle in der Welt und sogar in bezug auf Sie selbst «Realitäten» schaffen, die in Wahrheit Illusionen sind. Und was noch wichtiger ist: Wenn wir dies entdecken, wird uns klar, daß wir selbst darüber entscheiden können, wie wir unser Leben erfahren.

Meditation:
Beobachten der Gedanken

Die folgende Meditation hat viele und weitreichende positive Auswirkungen. Unter anderem lernen Sie zu beobachten. Ihre Fähigkeit, sich zu konzentrieren, bessert sich, da Sie lernen, sich auf einen Gedanken zu fokussieren, ohne sich von anderen ablenken zu lassen. Ihr Geist wird klarer und stärker. Geist, Körper und Emotionen werden ruhiger, wenn Sie stärker in der Gegenwart zentriert sind. Sorgen, Angst und Spannungsgefühle lassen nach. Sie fühlen sich leichter, als ob alle Last von Ihren Schultern fiele. Ihre innere Stärke tritt zutage und erzeugt ein Gefühl der Freiheit und Klarheit in Ihnen. Und – was vielleicht am wichtigsten ist – diese Meditation kann Sie zum ständig gegenwärtigen Selbst führen, zur spirituellen Essenz, die unabhängig von Ihren Gedanken und Gefühlen existiert.

Diese positiven Auswirkungen werden sich allerdings nicht sofort einstellen. Wenn Sie mit der Meditation beginnen, werden Sie vielleicht zunächst nur ein augenblickliches Gefühl der Ruhe erleben. Vielleicht machen Sie auch die Erfahrung, daß Ihr Geist noch ruheloser wird als zuvor. Vielleicht fällt es Ihnen schwer, still zu sitzen und sich zu konzentrieren. Wenn dies eintritt, so machen Sie sich keine Sorgen. Je öfter Sie diese Meditation üben, um so leichter wird es Ihnen fallen. Versuchen Sie nicht, die Resultate, die Sie erreichen wollen, zu erzwingen. Das führt nicht nur nicht zum Ziel, sondern hat sogar die genau entgegengesetzte Wirkung. Diese Meditation ist eine alte buddhistische Übungsmethode, die sich über viele Jahrhunderte bewährt hat. Es heißt sogar, sie allein könne zur Erleuchtung führen. Jeder, der sie getreu übt, wird feststellen, daß sie wirkt. Geduld und Ausdauer sind dabei das Entscheidende.

Die Meditation

1. Wählen Sie einen Ort und eine Zeit für diese Meditation, wo Sie absolut ungestört sind.

2. Setzen Sie sich mit geradem Rücken auf einen Stuhl, die Füße flach auf dem Boden, die Hände im Schoß. Ihr Blick ist nach vorn gerichtet, Ihr Kinn waagerecht. Wenn Sie wollen, können Sie auch auf einer festen Unterlage flach auf dem Rücken liegen. Wählen Sie die Position, die für Sie am bequemsten ist.

3. Schließen Sie die Augen, und konzentrieren Sie sich auf Ihren Atem. Atmen Sie mit einem langen, langsamen, tiefen Atemzug durch die Nase ein. Beobachten Sie, wie die Luft durch die Nase ein- und dann hinunter in Ihre Lunge strömt, bis diese gefüllt ist. Atmen Sie dann langsam wieder aus. Beobachten Sie, wie die Luft aus der Nase austritt und sich Ihre Lunge völlig leert. Auf gar keinen Fall sollten Sie sich dabei anstrengen oder nach Luft schnappen. Fahren Sie auf diese Weise

fort, und entspannen und zentrieren Sie sich bei jedem Ausatmen. Setzen Sie dies etwa eine Minute lang fort. Wenn Sie
dann immer noch nicht entspannt sind, so machen Sie drei
Minuten lang damit weiter.

4. Atmen Sie nun wieder normal, und richten Sie Ihre Aufmerksamkeit auf Ihre Gedanken. Beschäftigen Sie sich genauer mit
dem, was Sie denken. Wenn es Ihnen schwerfällt, überhaupt
einen Gedanken zu entdecken, dann achten Sie auf Stimmen
in Ihrem Inneren, die vielleicht sagen: «Was für Gedanken?
Ich habe keine Gedanken.» Konzentrieren Sie sich dann auf
diese.

5. Fahren Sie fort, Ihre Gedanken zu beobachten, wenn sie auftauchen. Beobachten Sie jeden Gedanken, wie er kommt. Beobachten Sie ihn weiter, wie er geht. Wenn ein Gedanke geht,
so entziehen Sie ihm die Aufmerksamkeit, und beobachten
Sie den nächsten auftauchenden Gedanken. Wenn es Ihnen
nicht gelingt, Ihre Aufmerksamkeit von dem entschwinden-
den Gedanken abzuziehen, dann beobachten Sie einfach,
wie Sie den gleichen Gedanken erneut denken.

6. Versuchen Sie nicht, absichtlich zu denken. Seien Sie einfach
geduldig, lassen Sie die Gedanken kommen, wann und wie es
ihnen gefällt, und richten Sie dann Ihre Aufmerksamkeit auf
sie.

7. Beobachten Sie, wie ein Gedanke zum nächsten führt. Beobachten Sie bruchstückhafte Gedanken ebenso wie vollständige. Lassen Sie die Gedanken so auftauchen, wie sie wollen.
Unterdrücken Sie keine Gedanken, und verurteilen Sie sich
auch nicht, weil Sie bestimmte Gedanken haben. Unterbrechen Sie das Beobachten nicht, um Ihre Gedanken zu analy-
sieren. Doch wenn der nächste Gedanke, der auftaucht, ein

Urteil oder eine Analyse des vorherigen Gedankens ist, dann beobachten Sie auch ihn. Beobachten Sie alle Gedanken, auch diejenigen, die Sie nicht mögen oder verstehen.

8. Sie werden schließlich feststellen, daß Ihr Geist langsamer geworden ist. Wenn die Gedanken einander vorher gejagt haben, so tauchen sie nun langsamer auf. Möglicherweise werden Sie auch Zwischenräume oder Lücken zwischen den einzelnen Gedanken bemerken. Beobachten Sie in solchen Fällen den Raum zwischen den Gedanken, bis der nächste Gedanke auftaucht.

9. Wenn Sie merken, daß Ihr Geist abschweift, dann lenken Sie Ihre Aufmerksamkeit wieder zu Ihren Gedanken zurück.

10. Wenn Sie sich dabei ertappen, daß Sie von anderen Emotionen oder von Außengeräuschen oder Störungen abgelenkt werden, dann entziehen Sie diesen Ihre Aufmerksamkeit, und richten Sie sie wieder auf Ihre Gedanken.

11. Vielleicht werden Sie manchmal von inneren Wahrnehmungen wie Klängen, Farben oder Lichtphänomenen abgelenkt. Vielleicht haben Sie auch das Gefühl zu schweben oder zu fliegen. Lassen Sie sich von solchen Empfindungen nicht ablenken. Entziehen Sie ihnen, wenn sie auftauchen, Ihre Aufmerksamkeit, und wenden Sie sich wieder Ihren Gedanken zu.

12. In anderen Situationen werden Sie vielleicht feststellen, daß Ihr Körper unwillkürlich vor und zurück schaukelt oder andere Bewegungen vollführt. Vielleicht wird Ihr Atem schneller oder langsamer oder setzt ganz aus. All dies sind natürliche Phänomene, die im Laufe dieser Meditation auftreten können. Wenn Sie davon abgelenkt werden, dann richten Sie

die Aufmerksamkeit einfach wieder auf Ihre Gedanken. Beobachten Sie die Gedanken, die sich damit beschäftigen, was mit Ihrem Körper oder mit Ihrem Atem geschieht.

13. Wenn Sie die Meditation beendet haben, verlagern Sie Ihre Aufmerksamkeit wieder von den Gedanken auf den Atem. Atmen Sie tief und schnell durch die Nase ein, und atmen Sie kräftig durch den Mund aus. Wiederholen Sie dies dreimal. Spüren Sie dann den Stuhl oder den Boden unter Ihrem Körper. Erinnern Sie sich an den Raum oder die Umgebung, in der Sie meditieren.

14. Öffnen Sie, sobald Sie bereit sind, die Augen, strecken Sie sich, und stehen Sie auf.

Sie können diese Meditation am Anfang drei Minuten lang üben und die Zeitspanne dann allmählich ausdehnen. Um ihre positiven Auswirkungen zu erfahren, müssen Sie sie über einen Zeitraum von mindestens 30 Tagen jeden Tag praktizieren. Wenn Sie etwas geübter darin sind, können Sie das Gelernte auf Ihren Alltag übertragen. Wo immer Sie sind, außer beim Autofahren, können Sie für ein paar Momente die Augen schließen, sich entspannen und Ihre Gedanken beobachten. Immer wenn Sie sich sorgen oder sich zu viele Gedanken machen oder wenn Sie einen klaren Kopf brauchen, können Sie diese Meditation üben – ein paar Augenblicke lang oder so lange, wie Sie es brauchen.

Sollte sich nicht alles, was in der vorangegangenen Anleitung beschrieben wird, sofort einstellen, dann ist das nicht weiter schlimm. Jeder Mensch macht bei dieser Meditation seine eigene einzigartige Erfahrung. Dabei gibt es keine «richtige» oder «falsche» Erfahrung. Wichtig ist nur, daß Sie die Aufmerksamkeit auf Ihre Gedanken richten, regelmäßig üben und sich darüber im klaren sind, daß die Entfaltung der positiven Auswirkungen ihre Zeit braucht.

Mache weiter . . . Entferne die Maske.
Schaue entschlossen in die dunklen Winkel
deiner selbst,
und laß dich überraschen.

Du bist nicht der,
der zu sein du fürchtetest.

Du bist der,
der du fürchtetest,
nicht zu sein.

Sich erinnern

Die dritte Übung

«Erinnere dich, und der Weg wird dir gezeigt werden.»
Dieser Satz enthält die Essenz der dritten Übung, die
auf dem Pfad zur Erleuchtung und Selbstentdeckung
von zentraler Bedeutung ist. So wie wir den Begriff hier
benutzen, bedeutet Erinnern, sich mit dem Höheren
Geist zu verbinden, der im gesamten Universum in jeder
Lebensform manifest ist, auch in der unseren. Obwohl
der Höhere Geist keine Form hat, keinen bestimmten
Raum einnimmt und sich jeder Vorstellung und jedem
Erklärungsversuch entzieht, tragen wir alle das Wissen
um ihn in uns, und daran versuchen wir uns zu erinnern. Dies gilt selbst dann, wenn wir traditionellere Vorstellungen von Gott ablehnen oder uns nicht für religiös
oder spirituell halten. Wenn Sie Ihr Leben an Ihrem
inneren Augen vorüberziehen lassen, werden Sie sich
wahrscheinlich an Momente erinnern, in denen Sie den
Höheren Geist in Gipfelerfahrungen, in sexuellen Erleb-
nissen, beim Joggen oder während anderer Arten der körperlichen oder geistigen Übung oder auch im Zustand des
Verliebtseins erfahren haben. Falls Sie Mutter sind,
haben Sie diese Erfahrung vielleicht bei der Geburt Ihres

Kindes gemacht. Viele haben diese spezielle Präsenz in der Natur erfahren, vielleicht an einem verlassenen Strand, auf dem Gipfel eines Berges oder in der leeren Weite der Wüste. Sogar in Situationen extremer Bedrohung erfahren wir diesen Höheren Geist manchmal.

Oft fühlt sich dieser Höhere Geist, wenn wir ihn erleben, wie eine Kraft an, die größer ist als alle Verrücktheiten der Welt zusammen. Und obwohl sie sich unermeßlich viel größer als wir selbst anfühlen kann, erscheint sie uns doch auch als vertraut und persönlich. Viele Menschen sagen, wenn sie sich *nicht* an den Geist erinnern, dann sehnen sie sich danach wie jemand, der Heimweh hat.

Sie können sich an diesen formlosen Geist erinnern, indem Sie ihn mit einem Wort oder einem Bild assoziieren. Statt des Begriffs Höherer Geist treffen für Sie persönlich vielleicht Worte wie (Höchste) Wahrheit, Liebe, letzte Realität, Inneres Selbst oder Höheres Selbst, Seele, Gott, Jahweh, Jehowah, Guru, Rama oder Geist das Gemeinte besser. Doch vergessen Sie nie, daß jedes Wort oder Bild immer nur ein Vehikel ist, das Sie an die Erfahrung des Höheren Geistes erinnern soll. Das spezielle Wort, das Sie zur Beschreibung des Höheren Geistes benutzen, bedeutet an sich nichts; was zählt, ist nur die Erfahrung.

Das Sicherinnern bringt Sie zur Erfahrung des Geistes in Ihnen, bewirkt aber noch viel mehr. Wenn Sie sich an den Geist erinnern und sich um ihn bemühen, bemüht sich der Geist auch um Sie. Sie schaffen einen Pfad, auf dem Sie und der Höhere Geist zu einem freudigen Wiedersehen zusammentreffen. In dieser mystischen Begegnung verschmelzen Sie schließlich mit Ihrem wahren inneren Geliebten. Hier werden Sie Ihr wahres Selbst und die innere Stärke finden, die Sie trotz aller Widrigkeiten unterstützen werden.

Diese spirituelle Wahrheit ist zu allen Zeiten in den meisten spirituellen Schriften und in vielen unterschiedlichen Traditionen zum Ausdruck gebracht worden. Man hat sie die «Gnade Gottes», das «göttliche Wunder», den «Segen» oder das «Herabkommen des Heiligen Geistes» genannt. Es gibt ein altes Symbol, das sowohl die jüdische als auch die Hindu-Religion benutzt, um diesen Pfad unserer Bewegung zum Göttlichen und des Göttlichen zu uns zu beschreiben. In der jüdischen Tradition wird er Siegel des Salomon oder Davidstern genannt. In der Hindu-Tradition ist dies das Symbol des Herz-Zentrums. Es handelt sich um einen sechszackigen Stern, der aus zwei Dreiecken besteht. Die Spitze des einen Dreiecks, das nach unten weist, symbolisiert den Geist, der zum Menschen kommt. Das zweite Dreieck, das nach oben weist, symbolisiert den Menschen, der zum Geist kommt. Manchmal ist im Mittelpunkt dieses Sterns ein kleiner Punkt zu sehen, der *Bindu* genannt wird. Er symbolisiert das Herz-Zentrum, wo Geist und Mensch eins sind.

Es erscheint mir angemessen, daß dieses Symbol für das Herz-Zentrum steht, denn dieser Pfad, auf dem Gott und Mensch, Geist und Materie, Dualität und Einheit sich vereinigen, ist kein Pfad des Intellekts – es handelt sich dabei nicht um etwas, das man mit dem Verstand begreifen kann. Vielmehr ist es der Pfad des inneren Selbst, also ein Pfad der Seele. Der Ursprung dieses Pfades liegt im Herzen, und der Höhere Geist wird erfahren, weil die Essenz des Höheren Geistes Liebe ist. Erinnern Sie sich an den Höheren Geist, und wenn Sie dies tun, entspannen Sie sich, lassen Sie Ihr Herz offen sein, und bauen Sie Ihren Pfad ein wenig weiter aus.

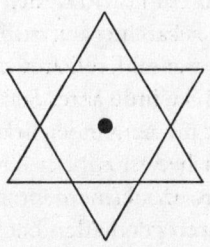

Bei jeder Erinnerung an den Höheren Geist empfangen Sie einen inneren Segen. Sie werden dann spüren, daß Liebe, innerer Friede und Trost in Sie hineinströmen. Sie werden sich erfrischt, voller Energie und inspiriert fühlen. Manchmal erschüttern solche «Geschenke des Geistes» Sie aufgrund ihrer ehrfurchtgebietenden Erhabenheit bis in Ihr tiefstes Inneres. In anderen Fällen werden Sie vielleicht nur ganz leicht davon berührt, weil die Geschenke des Geistes sich nur ganz leise in Ihrem Herzen und in Ihrem Geist bemerkbar machen, so daß Sie sie kaum in Ihrem Bewußtsein registrieren.

Die Erfahrung des Sich-Erinnerns

Wir können uns in jeder Situation und unter allen Umständen an den Höheren Geist erinnern. Gestern habe ich beispielsweise meine Kinder zur Schule gefahren und dabei das Gefühl gehabt, daß ich mein Leben mit dem tagtäglichen, nie endenden Trott der Besorgungen, Hausarbeiten, Telefongespräche und all den vielen Dingen, die die Leitung eines Unternehmens mit sich bringt, vertue. Ich fühlte mich plötzlich überfordert und verärgert und hatte das Gefühl, mein Leben bestehe darin, mich unter all diesem «Zeug» begraben zu lassen. Statt mich jedoch von den Gefühlen der Depression, Wut oder der Ohnmacht überfluten zu lassen, fing ich an, einen von mir gewählten Namen für den Höheren Geist zu wiederholen. Daraufhin fühlte ich mich allmählich besser. Ich spürte, wie eine Welle der Leichtigkeit mich durchströmte, und ich vermochte mein Leben mit anderen Augen zu sehen als noch wenige Minuten zuvor. Mir wurde klar, daß es ein ungeheurer Ausdruck des Dienens war, meine Kinder liebevoll zu umsorgen und ihnen ein schönes Zuhause zu geben. Ich sah plötzlich, daß ich mein großes, expandierendes Unternehmen und meine häusliche Umgebung allein dadurch geschaffen hatte, daß ich bewußt war. Ich sah, welche Wirkung ein einziges bewußtes Leben auf das Alltagsleben haben kann. Ich sah, daß die Liebe, die ich meinen Kindern gebe, von Generation zu Generation weitergereicht wird und daß sie vielleicht Hunderte von Menschen beeinflussen würde. Es war, als hätte mich jemand hochgehoben, damit ich meine wahre Aufgabe wieder sähe, die meinem Blick zeitweilig verborgen gewesen war. Ich brauchte in meinem Leben nichts «Großartiges» zu tun, um wertvoll zu sein. Als ich dies erkannte, öffnete sich mein Herz, und ich fühlte mich durchflutet von Liebe und Dankbarkeit. Unwillkürlich fing ich an zu singen. Wieder einmal war mir gezeigt worden, wie wirkungsvoll es ist, sich einfach an den Höheren Geist zu erinnern. Dazu muß man nicht unbedingt stundenlang traditionelle Praktiken ausführen oder intensiv meditieren.

Bedeutet dies, daß Sie jedesmal, wenn Sie sich an den Höheren Geist erinnern, von einem Gefühl der Ekstase erfaßt werden oder plötzlich die Antworten auf alle Ihre Probleme wissen? Ganz sicher nicht. Die Erfahrung des Sich-Erinnerns ist jedesmal anders. Doch jedesmal wenn Sie sich erinnern, kommt der Höhere Geist zu Ihnen, ob Sie sich dessen bewußt sind oder nicht. Haben Sie die Anwesenheit des Höheren Geistes in Ihrem Leben jedoch schon öfter erfahren, dann spüren Sie sie auch deutlicher. Daß er einen dauernden Eindruck in Ihrem Bewußtsein hinterläßt, ist nicht davon abhängig, wie sehr Sie sich dessen bewußt sind.

Erwarten Sie beim Sich-Erinnern nicht, daß irgend etwas geschieht. Dies schränkt Ihre Erfahrung der Präsenz des Höheren Geistes ein. Es geht letztlich darum, der Präsenz des Höheren Geistes permanent gewahr zu sein. Und schließlich wird Ihnen das Erinnern auch helfen, die anderen spirituellen Übungen beharrlich weiterzumachen. Erinnern Sie sich, und machen Sie dann die von den fünf Praktiken, die Ihnen zum betreffenden Zeitpunkt richtig erscheint. Sich einfach ständig an den Höheren Geist zu erinnern genügt auch schon.

Visuelle und musikalische Erinnerungshilfen
und Naturobjekte

In einem geschäftigen modernen Leben kann man den Höheren Geist sehr leicht vergessen. Es gibt immer so viele Dinge, die man sofort erledigen muß, daß der Tag verstreichen kann, ohne daß man die Muße gehabt hätte, an etwas anderes zu denken als an die Erledigung der dringendsten Dinge, die die Kinder, die Arbeit, den Partner oder die eigenen Gefühle betreffen. Wer hat Zeit, sich zu erinnern, wenn ständig so viele andere Dinge unsere Aufmerksamkeit erfordern? Die Zahl der Ablenkungen ist so groß, daß man das Sich-Erinnern einfach vergißt.

Das Sich-Erinnern an den Höheren Geist im Laufe eines geschäftigen Tages können wir durch Gedächtnisstützen erleichtern, die uns an die spirituelle Sphäre erinnern. Hängen Sie Bilder von Dingen auf, die Sie inspirieren, beispielsweise ein Bild von einem wunderschönen Sonnenaufgang, von einer einzelnen Rose oder von einem neugeborenen Baby. Sie können auch Bilder großer Heiliger aufhängen oder Bilder von Menschen, die für Sie persönlich als Lehrer fungiert haben, oder Bilder von Orten oder von Aktivitäten, die die Erinnerung an Augenblicke aufleben lassen, in denen Sie den Höheren Geist gespürt haben.

Mein Mann und ich witzeln schon darüber, daß überall in unserem Haus und auf unserem Gelände neue Erinnerungshilfen aufzutauchen scheinen. Als wir das letzte Mal gezählt haben, kamen wir auf 52 Erinnerungshilfen! Wo wir auch hinschauen, überall steht uns eine Repräsentation des Höheren Geistes vor Augen – eine ständige Erinnerung daran, daß wir uns erinnern sollen. Doch sind diese Erinnerungshilfen nicht aufdringlich. Den Besuchern unseres Hauses, die keinen Sinn für die spirituelle Ebene haben, erscheinen die Bilder und Statuen und all die anderen Dinge wahrscheinlich wie eine Kunstsammlung oder wie eine Sammlung interessanter Objekte aus der Natur.

Bilder sind nicht die einzigen visuellen Erinnerungshilfen. An einigen Stellen haben wir klare Bergkristalle aufgestellt, die uns an die diamantgleiche Vollkommenheit der Höchsten Realität erinnern. Amethyst und Rosenquarz erinnern uns an Heilung und Liebe. Muscheln erinnern uns an das unablässige Kommen und Gehen der Meereswellen, an die Unendlichkeit und an den offenen Raum. Und schließlich tragen wir gewöhnlich ein besonderes Schmuck- oder Kleidungsstück, das uns an den Höheren Geist erinnert. Viele Menschen tragen gern ein spezielles Schmuckstück oder ein Amulett, einen Stein oder ein anderes kleines Objekt in der Tasche, das sie beim Hineingreifen spüren.

Gestalten Sie Ihre häusliche Umgebung so spirituell erhebend wie möglich. Sie können Ihr Haus mit Düften erfüllen, um sich in eine gehobene Stimmung zu versetzen. Wenn Wälder Sie besonders inspirieren, können Sie die Luft in Ihren Räumen mit Kieferduft aromatisieren. Wenn Sie mit Methoden von östlichen spirituellen Traditionen gearbeitet haben, hilft Ihnen vielleicht Sandelholz, sich zu erinnern. Wenn die Lehren der Indianer für Sie wesentlich sind, können Sie Salbei, Süßgras oder Zeder benutzen. Jeder Duft hat eine spezifische Wirkung auf das Bewußtsein. Experimentieren Sie mit unterschiedlichen Düften, und finden Sie heraus, welcher Duft Ihnen besonders angenehm erscheint.

Machen Sie Ihr Zuhause und Ihren Arbeitsplatz möglichst schön, und halten Sie Ihre Wohn- und Arbeitsräume so sauber und einfach wie möglich. (Dies hilft Ihnen, innerlich ruhig und friedvoll zu sein.) Schmücken Sie Ihr Haus mit Blumen oder Topfpflanzen. Streichen Sie die Wände in Farben, die Ihre Stimmung heben und die Ihrer Familie gefallen. Öffnen Sie die Jalousien, und lassen Sie das Sonnenlicht hinein, und wenn es warm genug ist, öffnen Sie die Fenster, und lassen Sie frische Luft hinein. Schalten Sie das Fernsehen ab, und legen Sie statt dessen Musik auf. Lassen Sie sich von der sich allmählich ausbreitenden Atmosphäre des Friedens und der Inspiration an Ihrem Arbeitsplatz und in Ihrer häuslichen Umgebung helfen, in Ihrem Inneren den Frieden und die Inspiration zu erzeugen, die Sie an die wahre Realität erinnern.

Musik kann besonders inspirierend auf Ihr Bewußtsein wirken. Versuchen Sie einmal, bei der Arbeit, während der Meditation oder während Sie sich entspannen im Hintergrund Musik laufen zu lassen. Natürlich hat jeder Mensch einen anderen musikalischen Geschmack. Ich selbst bevorzuge Barockmusik, weil sie beruhigend auf mich wirkt. Die Bach-Präludien sind ein gutes Beispiel dafür. Auch andere klassische Musikstücke, beispielsweise Pachelbels *Kanon*, benutze ich zunehmend, um mich zu entspannen und zu inspirieren. *Die Vier Jahreszeiten* von Vivaldi eignen sich ebenfalls ausgezeichnet. Versuchen Sie es auch einmal mit eher romantischen Musikstücken wie *Claire de Lune* von Debussy, dem *Liebestraum Nr. 3* von Franz Liszt, Mendelssohns *Lied ohne Worte*, Chopins *Étude in E-Dur* oder Schumanns *Träumerei*. Auch die Musik Mozarts wirkt sehr inspirierend.

Viele Menschen mögen New-Age-Musik und empfinden sie als beruhigend, meditativ und erhebend. Hören Sie sich einmal *Om Namaha Sivaya, Shri Ram* oder *From the Goddess* von Robert Gass an. Brian Enos Musik, *Ambient # 1: Music for Airports* und *The Pearl* wirken außerordentlich beruhigend und sind sehr meditativ. Auch die Musik von Deuter ist wundervoll inspirierend. Aufnahmen von Naturgeräuschen eignen sich ausgezeichnet als Hintergrund für Arbeit, Meditation und Entspannung.

Weiterhin gibt es Aufnahmen von geleiteten Meditationen, die Menschen helfen, sich zu entspannen, sich zu heilen, sich zu inspirieren und ihr Herz zu öffnen. Was immer Sie hören, entspannen Sie sich einfach, und lassen Sie los – lassen Sie sich von den Klängen zu Ihrem inneren Selbst zurücktragen.

Zeremonien

Zeremonien sind eine andere ausgezeichnete Methode, sich an den Höheren Geist zu erinnern. Gewöhnlich müssen sie arrangiert oder geplant werden; sie lassen sich also nicht so leicht improvisiert in den Tagesverlauf einfügen. Doch da sie erfordern, daß man einen besonderen Zeitpunkt außerhalb der täglichen Routine festlegt, um sie durchzuführen, können sie eine sehr wirksame Hilfe sein, uns an den Höheren Geist zu erinnern. Die bekannteste Zeremonie ist ein Gottesdienst in einer Kirche oder einem Tempel. Versuchen Sie es mit verschiedenen Arten von Tempeln oder Kirchen, bis Sie etwas finden, das Ihnen zusagt. Wenn Sie nicht an einer traditionellen religiösen Feier teilnehmen wollen, können Sie selbst eine Zeremonie entwickeln.

Minizeremonien lassen sich jederzeit und überall ausführen. Vielleicht finden Sie einen bestimmten Platz draußen, wo Sie sich jeden Samstag- oder Sonntagmorgen eine Stunde lang hinsetzen und sich in Kontemplation versenken, beten, singen oder einfach nur still dasitzen. Wenn Sie eine Familie haben, können Sie mit der ganzen Familie dort zusammensitzen. Oder Sie legen einen Zeitpunkt während der Woche fest, zu dem Sie ein Feuer in Ihrem offenen Kamin machen und davor meditieren.

Versenken Sie sich in das Verbrennen des Holzes, und stellen Sie sich dabei vor, daß ebenso wie das Holz alle Begrenzungen und Barrieren verbrennen, die Sie von Ihrer inneren Wahrheit fernhalten. Beim Betreten Ihres Hauses können Sie jedesmal die Türschwelle berühren und sagen: «Ich berühre die Füße des Höheren Geistes.» Wenn Sie nach einem Telefongespräch den Hörer auflegen, können Sie eine Handfläche auf Ihr Herz-Zentrum in der Mitte der Brust legen und sagen: «Wir sind in der Liebe unseres Inneren Geistes vereint.» Wenn Sie sich anziehen, können Sie sagen: «Ich bin nicht mein Körper, sondern die Wahre Realität im Inneren.» Wenn Sie eine solche Zeremonie entwickelt haben, dann führen Sie sie regelmäßig durch, damit sie für Sie zu einer selbstverständlichen Gewohnheit wird und sich ihre Kraft, die Sie an den Geist erinnert, aufbauen kann.

Das Wiederholen eines Namens
für den Höheren Geist

Eine der wirksamsten Methoden, sich an den Höheren Geist zu erinnern, ist das unablässige Wiederholen des Namens, den Sie mit ihm assoziieren. Tatsächlich ist diese Methode so wirksam, daß sie vielfach als ein eigenständiger Weg beschrieben worden ist. Sie kann jederzeit, überall und während jeder anderen Tätigkeit geübt werden. Sie brauchen dazu nichts anderes als Ihren Willen.

In vielen traditionellen östlichen spirituellen Praktiken geben Lehrer ihren Schülern «Mantras». Das sind bestimmte Worte, Klänge oder Bilder, die der Schüler möglichst permanent im Geist wachhalten soll. Ein Mantra kann Ihr Bewußtsein so verändern, daß es schließlich zur Erkenntnis Gottes kommt. Diese alte Wissenschaft wird als *Japa-Yoga, Nada-* oder *Mantra-Yoga* bezeichnet, und sie ist heutzutage noch ebenso wirksam wie seit vielen Jahrhunderten. Auch die westlichen spirituellen Traditionen verfügen über solche mit Bedeutung aufgeladenen Worte, von denen ich einige aufgeführt habe. Es folgt nun eine kurze Liste von Mantras, die Sie ausprobieren können:

1. *Rama oder Ram.* Dieses Wort ist mit dem Herz-Zentrum verbunden. Es soll Liebe und Mitgefühl in unser Leben bringen, da es das Herz öffnet. RAM und RAMA sind alte hinduistische Namen für Gott. Nach den alten hinduistischen Schriften war Rama ein Prinz, der die vollkommene Verkörperung des göttlichen Goldenen Lichtes war.
2. *Om.* Es heißt, daß dies der Urklang des Universums ist. Oft wird er mit dem Dritten Auge und mit spiritueller Weisheit assoziiert. (Manchmal wird er auch AUM ausgesprochen, also mit der Andeutung eines AH vor dem OM.)
3. *Om Ram* verbindet die Qualitäten von RAM und OM.
4. *Ave Maria* fördert die Qualitäten des Mitgefühls und des Vergebens und öffnet das Herz-Zentrum. Es wird Ihnen auch hel-

fen, die weibliche, fürsorgliche Natur des Geistes zu realisieren.

5. *Yaweh* ist der Gottesname der alten kabbalistischen und der jüdischen Tradition. Er hilft Ihnen, Ihr Herz-Zentrum des Mitgefühls und die mystische Weisheit Ihres Dritten Auges zu öffnen.

6. *Wahe Guru* ist ein Sikh-Ausdruck, der bedeutet: «Heil dem großen, glorreichen inneren Lehrer» oder «Gott ist groß». Die Klänge in diesem Wort öffnen das Herz-Zentrum und das Dritte Auge, und sie aktivieren Ihre Fähigkeit zu kommunizieren und die Wahrheit zu sprechen.

7. *Ek Ong Kar.* Dies bedeutet: «Es gibt nur einen Gott», womit gemeint ist, daß es nur eine grundlegende Realität gibt, aus der alle Erscheinungen des Lebens entspringen. Diese Worte führen Sie zur Realisation der Wirklichkeit jenseits aller Form.

8. *Om Nama Sivaya* bedeutet: «Ich verbeuge mich vor Shiva.» Shiva ist ein alter hinduistischer Name für Gott, der sich auf den Aspekt Gottes bezieht, welcher golden und feuerähnlich wie die Sonne ist. Shiva ist der zerstörerische Aspekt Gottes oder der Teil in uns und in allem Lebenden, der stirbt, um wiedergeboren zu werden.

9. *Sat Nam* ist ein Mantra der Sikh-Religion, das «Gottes Name ist die Wahrheit» bedeutet. Es bezieht sich auf den formlosen Aspekt Gottes, den wir am besten als das Wahrste und Wirklichste in uns erfahren können. Es öffnet auch das Herz-Zentrum der Liebe und des Mitgefühls und harmonisiert die männlichen und weiblichen Energien im Körper.

10. *Amen* drückt die Dankbarkeit aus, die wir empfinden, wenn wir den Höheren Geist erfahren, und öffnet das Herz-Zentrum.

Dies sind nur ein paar Worte, die Sie ausprobieren können. Wenn Ihnen ein anderes Wort für den Höheren Geist mehr behagt, dann benutzen Sie dieses. Doch vergessen Sie beim Rezitieren jedes derartigen Namens nie, daß der Name den Höheren Geist nur *repräsentiert*, also nicht der Höhere Geist *ist*. Es besteht daher kein Grund, darauf zu beharren, daß ein Wort besser oder richtiger ist als ein anderes. Entscheidend ist, daß der Name für Sie persönlich eine Wirkung hat. Denn was bei Ihnen wirksam ist, muß nicht unbedingt bei einem anderen Menschen wirksam sein.

Wenn Sie sich für eines dieser speziell aufgeladenen Worte entscheiden, wiederholen Sie es entweder still im Geist oder laut. In jedem Fall sollten Sie dem Klang des Wortes lauschen. Entspannen Sie sich, und lassen Sie sich von seinem Klang davontragen. Fühlen Sie seine Vibration in Ihrer Kehle, im Mund und im ganzen Körper. Wiederholen Sie Ihr Mantra oder das von Ihnen bevorzugte Wort für den Höheren Geist immer wieder im Laufe des Tages, bei allem, was Sie tun. Wiederholen Sie es still oder laut, oder singen Sie es. Machen Sie es beim Einschlafen. Manchmal können Sie es vielleicht sogar im Traum wiederholen. Am Anfang mag es Ihnen schwerfallen, sich daran zu erinnern, daß Sie das Mantra machen wollen. Sie werden es im Laufe des Tages viele Male vergessen. Doch nach einer Weile wird es sich automatisch einstellen.

Wenn Sie eines unter den genannten Mantras wählen wollen, dann entscheiden Sie sich für dasjenige, von dem Sie sich ohne erkennbaren Grund angezogen fühlen, und bleiben Sie dreißig Tage lang dabei. Nach dreißig Tagen – der Zeitspanne, die es benötigt, um seine Wirkung zu entfalten – können Sie ein anderes wählen. Auf diese Weise werden Sie schließlich dasjenige finden, das Ihnen als das passendste für Sie persönlich erscheint.

Wenn keines dieser speziell aufgeladenen Worte Ihnen zusagt, können Sie auch einen der folgenden Sätze als Erinnerungshilfe ausprobieren. Wiederholen Sie sie genau wie die Mantras. Obwohl diese Sätze keine spezielle Ladung haben wie einige der alten Mantras, leisten sie manchen Menschen als Erinnerungshilfe wertvolle Dienste.

1. Ich bin Geist, und der Geist ist ich.
2. Alles, was ich sehe, ist Geist.
3. Teurer Geliebter, ich bin dein.

4. Ich öffne dir mein Herz.
5. Danke, danke, danke.
6. Alles, was existiert, ist Liebe.
7. Du bist gegenwärtig in allem, was ich sehe, in allem, was ich tue, und in allem, was ich bin.
8. Ich bin Liebe.

Sich an das Wiederholen des Mantras erinnern

Am Anfang kann es schwierig sein, sich daran zu erinnern, das Mantra oder den Satz unablässig zu wiederholen. In diesem Fall kann folgendes helfen: Zunächst kann Ihnen Ihr Atem als Erinnerungshilfe dienen. Atmen Sie ganz natürlich, und sagen Sie jedesmal beim Einatmen das gesamte Mantra, das Sie gewählt haben, einen Teil desselben oder nur eine einzige Silbe davon. Sagen Sie beim Ausatmen wieder das gesamte Wort, den Rest des Wortes oder eine andere Silbe. Wenn Sie beispielsweise das Wort «AMEN» benutzen, dann sprechen Sie beim Einatmen die erste Silbe «A» und beim Ausatmen die zweite Silbe «MEN». Wenn Sie das Mantra «OM NAMA SIVAYA» rezitieren, sprechen Sie die Worte «OM NAMA» beim Einatmen und das Wort «SIVAYA» beim Ausatmen.

Außerdem können Sie den ununterbrochenen Rhythmus des Lebens an Ihrem Arbeitsplatz, zu Hause oder draußen in der Natur dazu nutzen, sich daran zu erinnern, Ihr Mantra zu wiederholen. Werden Sie sich der Manifestationen der Lebensrhythmen bewußt, und wiederholen Sie im Einklang mit ihnen. Wenn Sie aufmerksam sind, werden Sie feststellen, daß diese unterschiedlichen Rhythmen in Ihrem gesamten Alltagsleben zu finden sind. Sprechen Sie Ihr Mantra zum rhythmischen Ticken der Uhr oder im Einklang mit dem Rhythmus der Musik, die in Ihrem Radio ertönt. Beim Autofahren können Sie das Dröhnen der Autoreifen als OM hören.

Sogar Ihre Körperbewegungen können Sie als Hilfe nutzen. Wiederholen Sie Ihr Mantra beim Gehen oder Laufen jedesmal, wenn Ihr Fuß den Boden berührt. Sprechen Sie Ihr Mantra im Rhythmus Ihres Herzschlags.

Ich erinnere mich daran, daß ich oft, wenn ich mit meinen Kindern am Strand Frisby gespielt habe, beim Zurückziehen des Arms vor dem Wurf *RA* ausgesprochen habe, beim Werfen *MA* und beim Fangen des Frisbys *RAMA*. Ich versuchte, mich völlig auf das Mantra zu konzentrieren, so daß für andere Gedanken kein Raum mehr vorhanden war. Das war eine wundervolle Übung – und wir hatten alle unseren Spaß!

Der Bauer und der heilige Mann

Selbst mit besten Vorsätzen gelingt es Ihnen vielleicht nur ein- oder zweimal am Tag, sich an das Wiederholen des Mantras zu erinnern. Verzweifeln Sie nicht, denn selbst das ist wirksam. Es gibt eine alte Geschichte darüber. Ein spiritueller Einsiedler lebte sehr zurückgezogen und tat nichts anderes, als zu meditieren, zu beten und den Namen Gottes zu wiederholen. Zur gleichen Zeit lebte in der Nähe ein Bauer, der vom Morgengrauen bis zum späten Abend arbeitete, seinen Hof versorgte und so seine Familie ernährte. Hin und wieder dachte der Bauer daran, den Namen Gottes auszusprechen. Manchmal tat er dies zwei- oder dreimal am Tag, manchmal nur einmal am Tag oder nur jeden zweiten Tag. Beide Männer starben schließlich und kamen in den Himmel. Als der Einsiedler durch den Himmel ging, traf er plötzlich seinen alten Nachbarn. Verärgert fragte er: «Was macht dieser Bauer hier? Er war doch den ganzen Tag auf den Feldern beschäftigt und hat sich nie an Gott erinnert. Ich hingegen habe den ganzen Tag an Gott gedacht und unablässig seinen Namen ausgesprochen!» Der Einsiedler war so verärgert über diese vermeintliche Ungerechtigkeit, daß er sich bei Gott darüber beschwerte. Nachdem dieser sich die Beschwerde angehört hatte, sagte er: «Der Bauer verdient es noch viel mehr als du, hier zu sein. Schließlich hattest du nichts anderes zu tun, als dich an mich zu erinnern. Du konntest dich Tag und Nacht mit mir beschäftigen. Doch dieser Mann hatte wegen seiner vielen Verpflichtungen kaum Zeit, an mich zu denken. Deshalb sind die wenigen Male, die er meinen Namen aussprach, um vieles wertvoller als die Tausende von Malen, die du es getan hast!»

Die Geschichte bedeutet nicht, daß wir erst gar nicht versuchen sollten, uns an den Höheren Geist zu erinnern, sondern daß wir begreifen, daß jedes Sich-Erinnern wichtig und wertvoll ist.

Meditation
zur Erinnerung an den Höheren Geist

Die folgende Meditation können Sie ausführen, wann immer Sie sich an den Höheren Geist erinnern wollen. Sie können sie ein paar Minuten lang überall und jederzeit ausführen oder sie als tägliche Übung praktizieren. Es wird gesagt, daß diese Meditation allein zur Erleuchtung führen kann. In jedem Fall wird sie Ihnen helfen, Ihr Herz zu öffnen, so daß Sie Mitgefühl, Liebe und Empathie erfahren. Sie wird Sie zu tiefen Erfahrungen inneren Friedens und zu außergewöhnlicher Ruhe geleiten. Sie vermag auch Besorgnis zu lindern, denn sie beruhigt die dahinjagenden Gedanken und Emotionen und erzeugt mentale und emotionale Klarheit. Sie hilft Ihnen, Ihren Geist zu konzentrieren, wann immer Sie dies wollen.

In dieser Meditation rezitieren Sie den Namen RAMA für den Höheren Geist. Rama, in den alten vedischen Schriften *Ramayana* genannt, war der fürstliche Herrscher der alten goldenen Stadt Ayodya. Es gibt viele Geschichten über Ramas Heldentaten, die alle von seiner unerschütterlichen Liebe zum Höheren Geist, von seiner Aufrichtigkeit, seinem Mut, seiner Dienstbereitschaft und seinem Pflichtgefühl zeugen. Rama ist der Inbegriff des Erleuchteten, eines Menschen, dessen Höherer Geist in liebender Hingabe

Himmel und Erde gegenüber vollkommen mit dem Menschsein verschmolzen ist. Der Kern seines Mutes ist Wahrheit, und das goldene Licht göttlichen Gewahrseins erleuchtet sein Herz, das für alle, die sehen, in herrlichem Glanz erstrahlt.

Das Wort RAMA hat auch noch eine andere Bedeutung. RA repräsentiert die wärmende Hitze und ungebändigte Energie der goldenen Sonne. MA repräsentiert das kühle, friedvolle Licht des silbernen Mondes. RA ist die männliche Yang-Energie, die raketengleich, hell und kühn vorwärtsdrängt, MA die alles umhüllende, kühle und subtile weibliche Yin-Energie. Wenn Sie RAMA rezitieren, bringen Sie die männlichen und die weiblichen Energien Ihres Körpers ins Gleichgewicht. Sie harmonisieren dadurch den logischen und den intuitiven Teil des Geistes. Alles in Ihnen wird harmonisiert, so daß Sie im Frieden vollkommenen Gleichgewichts ruhen. Durch diese Harmonisierung schaffen Sie den Raum dafür, daß der Höhere Geist in Sie eintreten und zu Ihrer Seele sprechen kann. Nur wenn Ihr Körper, Ihr Geist und Ihr Herz sich im Zustand der Ruhe befinden, können Sie in freudvoller Freiheit von jeglicher Angst, jeglichem Zweifel und jeglicher Beschränkung leben.

Obwohl sich diese Meditation eindeutig nicht dafür eignet, «mitten im Gewühl» praktiziert zu werden, ist sie doch sehr wichtig als Vorbereitung auf kürzere Übungen, die man bei anderen Beschäftigungen ausführen kann.

Die längeren, intensiveren Praktiken trainieren Ihren Geist, so daß Sie kürzere Übungen sogar trotz der Ablenkungen eines unruhigen Arbeitsplatzes problemlos ausführen und den geistigen Frieden erfahren können, den sie herbeiführen. Wenn Sie diese Meditation eine Weile geübt haben, wird das RAMA-Mantra so sehr zu einem Teil Ihrer selbst geworden sein, daß es Ihnen nicht schwerfallen wird, es im Laufe des Tages im Geiste immer wieder zu rezitieren.

Die Meditation

1. Sie sitzen aufrecht, mit geradem Rücken und beiden Füßen auf dem Boden. Ihre Hände ruhen in Ihrem Schoß, wobei die Handflächen nach oben weisen. Berühren Sie mit den Spitzen Ihrer Daumen die Spitzen Ihrer Zeigefinger. (Von dieser Handposition, *Gyan-Mudra* genannt, heißt es, daß sie die Entwicklung von Weisheit fördert.) Wenn Sie möchten, können Sie im Lotus- oder im halben Lotussitz sitzen. Obwohl Sie aufrecht sitzen, sollten Sie entspannt bleiben. Wenn Sie nicht in entspannter Haltung aufrecht sitzen können, dann lassen Sie Ihren Rücken durch eine gerade Stuhllehne abstützen.

2. Halten Sie den Kopf gerade, den Blick nach vorn gerichtet, das Kinn leicht nach unten geneigt (ungefähr zweieinhalb Zentimeter). Wenn Ihr Kinn im richtigen Winkel nach unten geneigt ist, spüren Sie an der Rückseite Ihres Halses eine leichte Streckung nach oben, als ob der Hals länger würde. Dies hilft Ihnen, das Kehlzentrum, das Zentrum der Kommunikation, zu öffnen.

3. Schließen Sie die Augen, und konzentrieren Sie sich auf Ihr Herz-Zentrum in der Mitte Ihres Brustkorbes.

4. Werden Sie sich, während Sie sich auf das Herz-Zentrum fokussieren, Ihres Atems gewahr. (Atmen Sie aber normal!)

5. Rezitieren Sie beim Einatmen innerlich den Klang *RA*. Entwickeln Sie das Gefühl, daß der Atem und der Klang *RA* in Sie hineinfließen und Ihr Herz-Zentrum erfüllen.

6. Rezitieren Sie beim Ausatmen innerlich den Klang *MA*. Entwickeln Sie das Gefühl, daß der Atem und der Klang *MA* aus Ihrem Herz-Zentrum hinausfließen.

7. Bleiben Sie weiterhin auf die Klänge *RA-MA*, wie Sie in Ihr Herz-Zentrum ein- und hinausfließen, konzentriert. Wenn Ihre Aufmerksamkeit abschweift, so lenken Sie sie auf Ihr Herz-Zentrum zurück, und fahren Sie fort, *RAMA* zu wiederholen.

8. Falls Sie irgendeine Anspannung empfinden, dann stellen Sie sich vor, daß diese sich auflöst, während Sie ausatmen. Entspannen Sie sich bei jedem Ausatmen. Halten Sie unterdessen Ihre Aufmerksamkeit weiterhin auf das Wiederholen von *RAMA* gerichtet.

9. Während dieser Meditation können die verschiedensten Emotionen, Gedanken und Empfindungen auftreten. Doch so schrecklich oder wundervoll sie auch sein mögen, lassen Sie sich nicht von ihnen ablenken. Wenn Sie merken, daß Ihre Aufmerksamkeit zu diesen Empfindungen abschweift, lenken Sie sie wieder zu Ihrem Herz-Zentrum und zur Rezitation von *RAMA* zurück.

10. Am Anfang wird es Ihnen wahrscheinlich schwerfallen, Ihren Geist unablässig auf *RAMA* und wie es in Ihr Herz-Zentrum hinein- und wieder herausfließt zu fokussieren. Denken Sie daran, daß diese Schwierigkeit beim Meditationsprozeß unvermeidlich auftritt. Doch je mehr Sie meditieren, um so leichter wird es Ihnen fallen, Ihre Aufmerksamkeit darauf gerichtet zu halten.

11. Üben Sie diese Meditation anfangs drei Minuten lang. Später können Sie diese Zeitspanne auf sieben Minuten und dann auf elf Minuten ausdehnen. Schließlich können Sie die Übung über dreißig Minuten oder gar eine Stunde fortsetzen. Es ist auch nichts dagegen einzuwenden, wenn Sie diese Meditation sogar über eine noch längere Zeitspanne praktizieren.

12. Schließlich wird es Ihnen so erscheinen, als rezitiere *RAMA* sich selbst durch Sie. *RAMA* wird Ihnen ebenso selbstverständlich sein wie Ihr eigener Atem. Es heißt, daß das Rezitieren von *RAMA* Sie im Augenblick Ihres Todes an allen Ängsten vorbei in das goldene Licht des Höheren Geistes trage.

✿ ✿ ✿ Erwachen

Ah, süße Wahrheit, die du so heftig drängst,
  unausgesprochene Sehnsüchte,
  in meinem Herzen eingeschlossen, rufen nach dir.
Eine lebendige Flamme der Erinnerung
  fleht um Erwachen.
Geliebter, befreie meine Seele!

Mit deinem Namen auf den Lippen
  öffne ich mein Herz
  und bitte dich, mich zu verzehren
  auf dem goldenen Scheiterhaufen deiner Liebe.
Ich überantworte mich deinem Erbarmen,
  denn ich schreie nach Erlösung.

Deinen Namen in meiner Seele,
  springe ich kopfüber
  und falle in deinen
  Abgrund des Nicht-Wissens,
  während du mich in
  deine glühende Umarmung schließt.

Ich überantworte mich deinem Brennen.
  Und selbst während ich mich
  in unerträglichen Qualen winde,
  Bete ich aus der Tiefe meines Sehnens,
  verbrenne mich … verzehre mich,
  bis in den Kern meiner Wirklichkeit.

Schlangengleich schießt deine Hitze
  meine Wirbelsäule empor

und zersprengt meinen Geist
in herrliche Scherben
lebendigen Strahlens.
Meine Dunkelheit ist zu Licht zersprungen.

In wildem Frohlocken tanze ich
in deinen barmherzigen und heilenden Flammen,
und verwirbele meinen Schmerz zu Freude.
Denn ich bin nur gestorben, um geboren zu werden.
Wie ein Phönix erhebe ich mich verwandelt
aus der Asche meiner selbstgeschaffenen
Sklaverei.

Mit einem Körper aus strahlendem Sonnenlicht
und Augen aus leuchtender Glut,
mit einer Krone aus Sternenlicht
und einem Blitz als Szepter
schwinge ich mich auf den Flügeln meines Herzens empor
und singe laut dein süßes Lied von
Freiheit. ⚹ ⚹ ⚹

KAPITEL FÜNF

Lassen Sie sich von der Wahrheit leiten

Die vierte Übung

Lassen Sie die Wahrheit, die in Ihnen, in jedem anderen Wesen und im ganzen Leben ist, Ihnen den Weg zeigen – dann wird sich Ihnen der Weg immer wieder offenbaren. Dies ist die Essenz der vierten Übung. Seien Sie, wer Sie wirklich sind, leben Sie ständig in einem Zustand der Wahrheit, und Sie werden die Antworten in Ihrem Inneren finden. Wenn Sie sich dazu entschlossen haben, so zu leben, von Augenblick zu Augenblick in der Gegenwart, alles so zu beobachten, wie es wirklich ist und nicht wie etwas sein sollte oder sein könnte, dann ist es so, als wäre Ihre innere Tafel leergewischt und warte nun darauf, neu beschrieben zu werden – in jedem Augenblick mit dem «Stift» der Wahrheit. Die Zen-Buddhisten nennen dies den «Anfängergeist». Machen Sie sich den Anfängergeist zu eigen, der so klar und gegenwartszentriert wie der eines kleinen Kindes ist, und folgen Sie dann den Weisungen der Wahrheit so genau, wie Sie können. Werden Sie ein Krieger der Wahrheit, der sich von nichts beirren läßt – nicht von anderen Menschen und auch nicht von den eigenen egoistischen Begierden und Vorlieben. Dies ist der Weg zur Weisheit.

Wahrheit und relative Wirklichkeit

Alle Vorstellungen, die Menschen über die Wirklichkeit haben, hängen von der Kultur, in der sie leben, von ihren Überzeugungen und von ihren bisherigen Erfahrungen ab. Jeder sieht und hört anders – sogar wenn mehrere Menschen sich das gleiche anschauen. Es gibt eine alte Geschichte, die das beschreibt und uns lehrt, unsere Auffassung von Wahrheit in Frage zu stellen: Drei Blinde versuchten einmal, einen Elefanten zu beschreiben. Der eine ertastete das Bein des Elefanten und sagte: «Der Umfang des Elefanten ist so groß wie meine Taille; das Tier ist größer als mein Kopf und ist am unteren Ende flach.» Der zweite Blinde ertastete den Rüssel des Elefanten und sagte: «Nein, der Elefant ist lang und dünn und hat ein Loch am Ende, das sein Mund zu sein scheint.» Der dritte Blinde ertastete das Ohr des Elefanten und sagte: «Ihr irrt euch beide. Der Elefant ist tatsächlich flach und dünn und mit kleinen Härchen bedeckt, und er macht flatternde Bewegungen.» Alle drei Männer hatten aus ihrer Perspektive, also *relativ gesehen*, recht, doch keiner von ihnen fand heraus, wie der ganze Elefant tatsächlich aussah. Im Leben ist es genauso. Was für den einen Menschen wahr ist, muß nicht unbedingt für den anderen wahr sein.

Die Wahrheit, die wir auf einem spirituellen Pfad suchen, unterscheidet sich von relativer Wahrheit. Sie kann nicht mittels unserer fünf Sinne, unseres Glaubens oder unseres üblichen Wissens über das Leben gefunden werden. Bei der Wahrheit, die ich hier meine, geht es um jenes unbeschreibliche Etwas, das erkannt, aber nicht erklärt werden kann – um die letztgültige Wirklichkeit, die als Höherer Geist bezeichnet worden ist. Diese Wahrheit ist nicht auf die Grenzen unseres Körpers beschränkt, obwohl wir sie in uns erfahren können. Sie hat keinen Anfang und kein Ende und hat nichts mit richtig oder falsch zu tun.

Die Wahrheit ist keine Idee. Sie verändert sich nicht so, wie Ansichten und Standpunkte sich verändern. Sie verändert sich nicht, wenn wir älter werden. Sie und ich verändern uns, doch diese

Wahrheit verändert sie nie. Wenn wir die Wahrheit entdecken, ist es, als hätten wir einen alten Freund wiedergefunden. Wir haben dann das Gefühl, etwas wiederentdeckt zu haben, das wir zeitweilig vergessen hatten. Sogar wenn die innere Stimme dieser Wahrheit uns immer wieder in andere Richtungen führt, leitet sie uns letztendlich in die Richtung ihrer Erkenntnis. In Büchern, Lehren oder Regeln suchen wir sie vergeblich, doch können wir sie jederzeit in unserem Inneren finden, wenn wir richtig zu schauen vermögen. Sie wird uns unfehlbar leiten, solange wir auf ihre Stimme hören.

Damit will ich nicht sagen, daß sie die einzige Wahrheit ist, der wir in unserem Leben Beachtung schenken sollten. Auch die relative Wahrheit hat ihre Berechtigung und ihren Nutzen. Was jeder der drei Blinden über den Elefanten herausfand, war nicht falsch, doch nur ein Teil der Wahrheit. Auch wenn wir dem Weg der relativen Wahrheit folgen, können wir der tieferen Wirklichkeit näherkommen. Wenn wir stärker im gegenwärtigen Augenblick zentriert sind, werden wir feststellen, daß unsere relative Wahrheit allmählich einer umfassenderen Wahrheit weicht. Seien Sie geschmeidig und gleichzeitig stark. Seien Sie wie die Bäume: Bäume, die wachsen und gedeihen, sind diejenigen, die sich am besten dem Wind beugen. Beugen Sie sich unaufhörlich der Wahrheit. Der Weg, der sich uns auf diese Weise offenbart, hat nichts damit zu tun, ob wir «richtig liegen». Vielmehr geht es darum, daß wir die Wahrheit so, wie wir sie für uns selbst von Augenblick zu Augenblick erfahren, erkennen und ihr folgen.

Wenn wir lernen, wie ein Baum dem Wind nachzugeben, so bedeutet dies nicht, unsere Integrität zu verlieren. Im Gegenteil, es bedeutet, daß wir uns von der inneren Stimme der Wahrheit leiten lassen und unserem eigenen Empfinden für unsere persönliche Integrität immer mehr entsprechen. Nur wenn wir nachzugeben vermögen, wenn wir nicht den Drang verspüren, unseren eigenen Standpunkt zu «beweisen», können wir unserer persönlichen Integrität gerecht werden. Sobald wir das Bedürfnis, recht haben zu müssen, loslassen, wird es viel einfacher für uns, andere Wahrheiten zu akzeptieren, wenn diese uns enthüllt werden. Klammern wir uns hingegen an unsere eigene relative Wahrheit, so sind wir gezwungen, so zu tun, als würden wir etwas glauben, obwohl uns tief innerlich klar ist, daß das, was wir zu glauben vorgeben, nicht wahr ist.

Dem Weg der Wahrheit zu folgen bedeutet demnach, zu lernen, uns von unserer eigenen inneren Integrität leiten zu lassen, wo immer dies uns hinführen mag. Dies gilt für die kleinen Dinge des Lebens ebenso wie für wichtige Angelegenheiten. Heben Sie beispielsweise das Papier auf, das Sie gerade auf den Boden haben fallen lassen. Lügen Sie nicht, um es sich einfacher zu machen. Tun oder sagen Sie nichts, was sich für Sie nicht richtig anfühlt – selbst wenn Sie dafür ein Opfer bringen müssen. Betrügen Sie sich nicht selbst. Das bedeutet es, der Wahrheit zu folgen.

Auf diesem Weg müssen Sie sich bei der Suche nach Antworten stärker auf sich selbst verlassen. Sie müssen äußeren Direktiven gegenüber unabhängiger werden, ganz gleich, ob sie von Ihren Eltern, Ihrer Schule, Ihrem spirituellen Lehrer, Ihrem besten Freund oder von der Gesellschaft, in der Sie leben, kommen. Lassen Sie los, und vertrauen Sie der Wahrheit, die Sie in sich spüren. Dies bedeutet nicht, daß Sie alte Lehren generell ablehnen müssen, und auch nicht, daß Sie keine Lehrer mehr brauchen und auf niemanden mehr hören sollten. Ehren Sie diejenigen, die Ihnen etwas Wichtiges vermittelt haben. Dennoch müssen Sie sich letztendlich auf Ihr inneres Gefühl von Wahrheit verlassen und sich von ihm leiten lassen. Wenn Sie sich so verhalten, wird alles, was Ihnen in Ihrem Leben begegnet, zu Ihrem Lehrer.

Was es bedeutet, aus der eigenen
inneren Wahrheit heraus zu leben

Wenn wir aus unserer inneren Wahrheit heraus leben, wird dies uns leiten und uns ein beständiges Gefühl der Gewißheit vermitteln. Sind wir im gegenwärtigen Moment zentriert und haben den Blick auf die Wahrheit gerichtet, dann fühlen wir uns nicht verwirrt. Nicht nur unsere tief verwurzelte Angst und Traurigkeit lösen sich dann auf, sondern auch jedes Gefühl von Chaos. Das ist nicht so, weil unser Leben sich verändert hat (obgleich auch das durchaus möglich ist), sondern weil wir das Leben auf eine neue Weise verstehen, die sich von einem rein intellektuellen Begreifen unterscheidet. Wenn wir auf diese Weise verstehen, fühlen wir uns geborgen, entspannt, zufrieden und frei.

Aus der inneren Wahrheit heraus zu leben bedeutet, daß wir uns in einem Zustand der Harmonie befinden. Wir empfinden eine tiefe Verbundenheit allen lebenden Wesen und allem gegenüber, was uns umgibt. Selbst die schrecklichen Dinge, die im Leben geschehen, sind Bestandteil der allgemeinen Harmonie, die wir erkennen, wenn wir das «größere Bild» vor Augen haben. Von diesem Gefühl des Verbundenseins aus vermögen wir zu sehen, daß das ganze Leben mit allen seinen Aspekten in Harmonie ist. Einiges mag erfreulich für uns sein, anderes nicht – trotzdem ist alles in Ordnung. Mit dem Leben in Einklang zu sein bedeutet, daß wir es nicht mehr bekämpfen, daß wir loslassen und das Leben einfach geschehen lassen.

Deshalb müssen wir jedoch nicht allem gegenüber blind sein und zu allem «ja und amen» sagen. Vielmehr sollten wir versuchen, trotz aller Widrigkeiten nach bestem Wissen und Gewissen zu leben und in allen Situationen unser Bestes zu geben. Wenn Sie beispielsweise ein Unternehmen leiten, werden Sie in jedem Fall versuchen, alles im Blick zu behalten und die richtigen Entscheidungen zu treffen, denn gute Absichten allein verhelfen niemandem zum Erfolg. Wenn Sie Kinder großziehen, versuchen Sie, ihnen so bewußt, wie Sie können, Ihre Liebe und Fürsorge entgegenzubringen.

Wenn wir das Leben akzeptieren und uns bemühen, in Harmonie mit ihm zu leben, müssen wir nicht zwangsläufig passiv werden. (Diese irrige Vorstellung ist heute sehr verbreitet.) Wir können trotzdem Vorlieben haben und unsere persönlichen Grenzen schützen. Wenn Sie beispielsweise in einer Beziehung leben, die nicht gut für Sie ist, können und sollten Sie diese natürlich beenden. Sie müssen keine unannehmbare Situation akzeptieren, um spirituell zu sein. Sich vom Fluß des Lebens tragen zu lassen kann in diesem Fall bedeuten, daß Sie sich um bessere Lebensumstände bemühen.

Vor ein paar Jahren habe ich diese Lektion von einem meiner Lehrer gelernt. Ich hatte einen Traum, in dem zwei Personen mich an meinen Armen festhielten und ein dritter mit der Faust auf meinen Solarplexus einschlug. Es tat höllisch weh, doch in jenem Traum lernte ich, den Schmerz zu ertragen und meinen inneren Frieden aufrechtzuerhalten. Als ich diesen Traum meinem Lehrer erzählte und sagte, ich hätte gelernt, den Schmerz zu ertragen, schaute er mich an und sagte: «Weshalb sollte man das?» In diesem Augenblick wurde mir klar, daß ich mein Leben verändern und trotzdem im Zustand des Akzeptierens bleiben konnte. Auch Veränderung ist ein Teil des Lebens. Gegen Veränderung anzukämpfen bedeutet manchmal, gegen das Leben anzukämpfen.

Wenn wir anfangen, «mit dem Fluß zu fließen», kämpft das Leben nicht mehr gegen uns. Unsere Umgebung und Lebensumstände unterstützen uns auf eine Weise, die unsere Entwicklung und unser Wohlergehen fördert. Dies kann sich auf ganz einfache Weise manifestieren: Sie finden beispielsweise, wenn Sie mit dem Auto irgendwohin fahren, immer einen Parkplatz; oder jemand ruft in dem Augenblick an, in dem Sie an den Betreffenden denken; oder etwas, das Sie brauchen, ist plötzlich da. Dieses Prinzip kann sich aber auch auf komplexere Weise manifestieren. Wenn ich beispielsweise nach einer guten Tagesschule für mein Kind suche, treffe ich zufällig jemanden, der die perfekte Schule kennt. Wenn ich überlege, ob ich die Schule am nächsten Tag anrufen soll, sehe ich ein Plakat von dieser Schule in der Bücherei. Dann rufe ich an. (C. G. Jung bezeichnete dieses Phänomen als Synchronizität.) Oder wenn ich eine Reifenpanne habe, geschieht dies «zufällig» direkt vor einer Tankstelle. Das ganze Leben fließt plötzlich viel müheloser – sogar in schwierigen Situationen. So fühlt es sich an, in Harmonie zu leben.

Ein Beispiel aus meinem Leben

Vor ein paar Jahren durchlebte ich eine Phase, in der alles, was nur schiefgehen konnte, auch tatsächlich schiefging – und alles zur gleichen Zeit. Alles, was aus den Fugen geraten konnte, ging aus den Fugen. Eine Vorstufe von Gebärmutterkrebs wurde bei mir diagnostiziert, ich bekam eine Lungenentzündung, und gleichzeitig zerbrach meine Ehe. Und während des Trennungs- und Scheidungsprozesses merkte ich, daß ich schwanger war. Mein Unternehmen stand kurz vor dem Bankrott (es machte Verluste von ungefähr 20 000 Dollar im Monat), und ich mußte fast mein gesamtes Management entlassen und ersetzen. Während ich noch damit beschäftigt war, erkrankte ich erneut an Lungenentzündung. Außerdem kümmerte ich mich intensiv um meinen vierjährigen Sohn, der unter der Scheidung litt, und mußte mich immer wieder mit meinem wütenden und drohenden Exmann auseinandersetzen, weil ich befürchtete, er würde mir meine Kinder wegnehmen. Und als ob dies alles noch nicht genug gewesen wäre, traten bei der Geburt meines Kindes im gleichen Jahr Komplikationen auf, so daß ich fast verblutet wäre. Es war sehr schwierig, mich von alldem zu erholen.

Während dieser Zeit zog ich in eine völlig andere Umgebung um und begann eine neue Beziehung. Sollte man nicht meinen, daß dies genug gewesen wäre? Ich jedenfalls war dieser Meinung!

Doch «so leicht» sollte ich nicht davonkommen. Der neue Mann in meinem Leben hatte ein Unternehmen, das ebenfalls in Schwierigkeiten steckte. Uns beiden ging das Geld aus, und zwar gänzlich. Er hatte zudem einen Mieter, der einen Nervenzusammenbruch bekam, sich Schrotflinten kaufte, uns mehrmals in der Woche anrief und uns androhte, er würde unsere Familie umbringen. Dies alles spielte sich in einem Zeitraum von anderthalb Jahren ab. Wir mußten mit so vielem fertig werden, daß wir irgendwann nur noch darüber lachen konnten. In dieser Situation blieb mir nichts anderes übrig, als auf das zu vertrauen, was ich gelernt hatte: Wenn du der Stimme der Wahrheit folgst, ist alles so, wie es sein soll, und entwickelt sich zum Wohle aller Beteiligten.

In dem ich die in diesem Buch beschriebenen Methoden anwendete, fühlte ich mich innerlich ruhig, sicher und zutiefst zufrieden. Ich hörte ständig auf die innere Stimme der Wahrheit und fand so den Weg aus all diesen Schwierigkeiten heraus. Ich sah den Weg, den ich gehen mußte, sehr klar vor mir, und ich tat, was ich tun mußte. Manchmal war ich wütend. In anderen Augenblicken weinte ich. Doch ich verlor mich nicht selbst und ging auch nicht in meinen Schwierigkeiten unter. Obwohl dies alles nicht leicht war, wußte ich tief in meinem Inneren, alles würde vorbeigehen, und alles war in Ordnung. Aufgrund dieser Haltung fühlte es sich eher an wie eine Zeit, in der Probleme gelöst wurden, und nicht wie eine Krise. Weil ich der tiefen Wahrheit in mir zu vertrauen vermochte und wußte, daß alles aus einem bestimmten Grund geschah, und ich mich daran erinnerte, daß nichts von all dem spiegelte, was ich in meinem Inneren wirklich war, gelang es mir, eine innere Heiterkeit zu bewahren. Sogar in jener Zeit verspürte ich eine gewisse Harmonie in meinem Leben.

Wie es jede spirituelle Lehre verspricht: Es funktioniert, wenn man der Stimme der inneren Wahrheit folgt. Am Ende der schwierigen Phase waren schließlich alle glücklicher und besser dran. Mein Exmann hat seine Wut überwunden und ist nun glücklich mit einer Frau verheiratet, die viel besser zu ihm paßt als ich. Ich bin glücklich wiederverheiratet, und meine Kinder haben sich gut in die neue Situation hineingefunden und sind ebenfalls glücklich. Der Mieter, der den Nervenzusammenbruch hatte, zog schließlich wieder zu seiner Mutter und erholte sich. Mir gelang es, mich vollständig zu heilen, und meinem eigenen Unternehmen sowie dem meines Mannes geht es besser als jemals zuvor. Für mich war all dies der endgültige Beweis dafür, daß die Methoden, die ich seit Jahren praktiziert und gelehrt hatte, wirklich im *Alltag* funktionieren, also nicht nur in der geschützten Umgebung eines Aschrams oder eines Klosters.

Wie man ein Leben der Wahrheit führen kann

Um ein Leben in Einklang mit der Wahrheit führen zu können, müssen Sie Ihr inneres Selbst wiederfinden. Dazu müssen Sie die Verantwortung für sich selbst und für die Entscheidungen, die Sie in Ihrem Leben treffen, auf sich nehmen. Statt zu glauben, daß Sie hilflos sind, statt nur auf die Dinge zu reagieren, die Ihnen widerfahren, können Sie selbst das Steuer Ihres Lebens übernehmen.

Sie schaffen das, indem Sie darauf achten, was Sie in Ihrem Leben für «normal» halten. Fragen Sie sich, wer für Sie normal ist. Wer sind Ihre Autoritäten? Wer gibt ihnen eine solche Macht über Ihr Leben? Wenn Sie sich ehrlich in diese Frage vertiefen, werden Sie entdecken, daß schon immer *Sie* die Entscheidung darüber getroffen haben, wem oder was Sie glauben und wem Sie folgen wollten. Sie haben andere zu Autoritätsfiguren erhoben. Wir alle tun das, selbst wenn wir offen gegen solche Gestalten rebellieren.

Damit will ich keineswegs sagen, daß Sie etwas Falsches gemacht haben. Oftmals ist das Beste, was Sie tun können, jemandem oder etwas zu folgen. Dafür hatten Sie in Anbetracht dessen, wer Sie waren oder auf welcher Stufe Ihrer Entwicklung Sie sich befanden, womöglich gute Gründe. In vielen Fällen ist es einfach leichter, das zu tun, was alle anderen tun. In anderen Fällen ist es wichtig für Sie, von anderen zu lernen, indem Sie ihnen gehorchen oder in ihre Fußstapfen treten. Ein drei Jahre altes Kind beispielsweise muß von seinen Eltern lernen. Und wenn Sie einen spirituellen Pfad suchen, brauchen Sie einen Lehrer, der Ihnen diesen zeigt. Doch irgendwann müssen Sie anfangen, dem Lehrer in Ihrer eigenen Seele Gehör zu schenken. Dies ist der Lehrer, den alle anderen Ihnen zu zeigen versucht haben (sofern es gute Lehrer waren). Doch kann kein Mensch Sie zwingen zuzuhören. Diese Entscheidung liegt einzig und allein bei Ihnen. Sie entscheiden darüber, wie Sie Ihr Leben führen wollen. Wieder selbst das Steuer zu übernehmen und die damit verbundene Verantwortung zu akzeptieren wird Ihnen helfen, Ihr wirkliches Selbst zurückzugewinnen.

Wie man die innere Wahrheit hören kann

Die Stimme der Wahrheit ist wie ein Klang ohne Klang, und es gibt eine Kunst, sie zu hören. Die Stimme der Wahrheit ist ein inneres Wissen oder eine innere Empfindung, die Ihnen Aufschluß über die Realität Ihrer Erfahrung gibt; das gilt sowohl dafür, wie Sie sich selbst, als auch dafür, wie Sie andere Menschen und äußere Ereignisse erfahren. Sie haben diese Stimme zweifellos schon viele Male gehört, ohne sie zu erkennen. Beispielsweise «wissen» wir oft, daß jemand uns belügt, auch wenn alles darauf hinzuweisen scheint, daß der Betreffende die Wahrheit sagt. Und häufig wissen wir auch, daß ein Mensch, der uns nahesteht, traurig oder wütend ist, obwohl diese Person behauptet, alles sei in Ordnung. Erinnern Sie sich an jene «leise Stimme» in Ihrem Inneren, die Ihnen dies sagte. Auf diese Stimme sollten Sie hören. Diese Stimme vermittelt Ihnen nie ein Schuld- oder Schamgefühl, sondern nur Frieden oder Liebe. Die Quäker nennen sie die «stille, leise Stimme im Inneren». Manche nennen sie Intuition, andere den inneren Führer.

Diese innere Stimme ist das Gefühl des Wissens, das sich nicht mit unserem logischen Verstand oder unseren fünf physischen Sinnen erfassen läßt. Sie scheint von einem Punkt in unmittelbarer Nachbarschaft unseres Herz-Zentrums auszugehen, das sich in der Mitte unserer Brust befindet. Doch je mehr wir sie untersuchen, um so mehr erkennen wir, daß sie über die Grenzen unseres Körpers hinausgeht. Es ist eine lautlose und doch klare Stimme. Sie ähnelt eher einem inneren Empfinden. Wenn wir sie hören, ist es fast, als wüßten wir bereits, wovon sie spricht, als hätten wir es nur vergessen und würden uns nun wieder daran erinnern. Es ist ein Gefühl wie: «Ach, das wußte ich ja schon.» Da ist eine Empfindung ruhiger Gewißheit. Und doch ist jene Stimme nicht starr, wie eine Überzeugung es oft ist, und sie unterscheidet sich auch vom Denken und von der Vorstellung.

Da die Äußerungen dieser inneren Stimme uns nicht immer logisch oder dem Ursache-Wirkungs-Prinzip zu folgen scheinen, lehnen wir sie oft ab, weil wir sie für unzutreffend halten. Doch je ernster wir diese Stimme nehmen, um so «lauter» spricht sie zu uns. Es ist ebenso wie bei einem Muskel: Je mehr wir ihn benutzen, um so kräftiger wird er. Wenn wir auf unsere innere Stimme hören und dem, was sie uns sagt, Folge leisten, stellen wir fest, daß sie recht hat. Und oft gibt diese stille, leise Stimme uns zuverlässigere Informationen als logischere Arten des Wissenserwerbs. Natürlich hängt es von Ihrer Fähigkeit zu hören ab, wieviel Wahrheit Ihnen diese innere Stimme vermittelt.

Um richtig hören zu können, müssen Sie in der Gegenwart zentriert sein und unvoreingenommen zuhören. Wenn Sie beobachten können, können Sie auch auf diese Weise zuhören. Und tun Sie dies mit der Haltung, daß Sie vom Höheren Geist statt von Ihren egoistischen Wünschen geleitet werden wollen. Vertrauen Sie der inneren Führung.

Meditation
zur Entwicklung der Intuition und
des Hörens der inneren Stimme

Wenn Sie lernen, wahrhaftig zu sein, zu beobachten, sich zu erinnern und sich in der Gegenwart zu zentrieren, werden Sie zwangsläufig Ihre innere Stimme vernehmen. Sie können diesen Prozeß durch die folgende Meditationsübung beschleunigen. Sie dient speziell dazu, das sogenannte «Dritte Auge» zu öffnen, ein ätherisches Energiezentrum, das sich in der Mitte Ihrer Stirn zwischen den beiden Augenbrauen befindet. Dieses Zentrum wird traditionell mit Intuition, übersinnlichen Fähigkeiten, Kreativität und Selbstgewahrsein in Verbindung gebracht. (Das Gewahrsein Ihrer inneren Stimme können Sie zusätzlich verstärken, indem Sie die Yoga- oder Meditationsübungen zum Öffnen Ihres Herz-Zentrums ausführen, die in Kapitel 7 im Absatz *Meditation* beschrieben werden.) Die nun folgende Meditation wird als Sitzmeditation beschrieben, doch sie kann überall und beliebig lange ausgeübt werden, wann immer Sie das Bedürfnis verspüren, Ihre Sicht zu erweitern, in Kontakt zu Ihrer kreativen Energie zu treten, ruhiger zu werden oder Ihre innere Stimme klarer zu hören.

Die Meditation

1. Sie sitzen in einer bequemen Haltung mit geradem Rücken. Sie können auch auf dem Boden oder auf einer anderen Unterlage auf dem Rücken liegen. Lassen Sie die Hände im Schoß oder auf der Unterlage neben Ihrem Körper ruhen.

2. Schließen Sie Ihre Augen, und konzentrieren Sie sich völlig auf Ihr Stirn-Zentrum.

3. Atmen Sie ganz normal durch die Nase, und entwickeln Sie das Gefühl, daß Ihr Atem durch das Zentrum Ihrer Stirn ein- und ausströmt.

4. Stellen Sie sich bei jedem Einatmen vor, daß die Farbe Königsblau in Ihre Stirn eintritt und sie erfüllt. Sehen Sie vor Ihrem inneren Auge nur die Farbe Königsblau. Sprechen Sie, sobald Sie das Königsblau vor sich sehen, im Geiste: «Königsblau füllt meine Stirn.»

5. Lassen Sie bei jedem Ausatmen alle Anspannung abfließen.

6. Intonieren Sie dann bei jedem Einatmen im Geiste den Klang «*OH*» und bei jedem Ausatmen den Klang «*M-M-M*». Lassen Sie dabei den Klang «*OH*» ohne Unterbrechung in den Klang «*M-M-M*» übergehen.

7. Wenn Ihr Geist abschweift, lenken Sie Ihre Aufmerksamkeit wieder auf Ihren Atem zurück, auf die Farbe Königsblau und auf den Klang «*OH-M*», die in Ihre Stirn ein- und wieder daraus austreten.

8. Vielleicht kommt bei Ihnen das Gefühl zu schweben auf, oder Sie sehen noch andere Farben und Visionen außer der Farbe Königsblau. Falls dies geschieht, lenken Sie Ihre Aufmerksamkeit wieder auf das Zentrum Ihrer Stirn, auf Ihren Atem, die blaue Farbe und den Klang «*OH-M*».

9. Es kann auch sein, daß sich Ihr Atem unwillkürlich verändert, entweder zu einem sehr flachen oder zu einem sehr tiefen Atemmuster. Versuchen Sie nicht, Ihren Atem bewußt zu verändern, sondern lassen Sie zu, daß er sich von selbst verändert, und behalten Sie Ihre Ausrichtung bei.

10. Üben Sie dies drei Minuten, elf Minuten oder dreißig Minuten lang, mindestens jedoch einmal am Tag oder am Abend. Sie können diese Übung so lange ausführen, wie Sie möchten.

11. Wenn Sie zum Ende gekommen sind, atmen Sie einmal tief durch die Nase ein, lassen den Atem langsam wieder ausströmen und öffnen dann die Augen. Strecken Sie sich, bevor Sie aufstehen.

12. Diese Meditation vergrößert nicht nur Ihr Vermögen, intuitiv zu hören, sondern sie vergrößert auch Ihre Konzentrationsfähigkeit, Ihre Fähigkeit, den Geist und die Emotionen zu beruhigen, und sie stimuliert Ihre Kreativität. Sie werden sich nicht mehr so zerstreut fühlen und eine Ganzheit und inneren Frieden empfinden, selbst wenn Sie gerade unter Streß leiden.

Den Verstand und die innere Stimme in Einklang bringen

Im Alltag müssen wir sowohl auf unser inneres Wissen als auch auf unseren Verstand hören und dementsprechend handeln. Es ist möglich, beide Welten miteinander in Einklang zu bringen, so daß sie einander unterstützen. Wenn Sie auf einer Straße fahren, und ein Ball rollt vor Ihr Auto, können Sie logisch schlußfolgern, daß jemand hinter dem Ball herlaufen könnte. Wenn Sie auf Ihre innere Stimme hören, können Sie ohne jede logische Schlußfolgerung wissen, daß gleich jemand direkt vor Ihrem Auto über die Straße laufen wird. Wenn Sie auf beides hören, können Sie verhindern, daß Sie das Kind anfahren, das hinter dem Ball herläuft.

Falls Ihnen Ihre innere Stimme der Wahrheit jedoch etwas anderes sagt als Ihr Verstand, sollten Sie Ihrer inneren Stimme den Vorrang geben, denn sie hat immer recht – Sie müssen ihr nur richtig zuhören. Gibt Ihnen Ihre innere Stimme beispielsweise zu verstehen, daß das, was jemand sagt, nicht der Wahrheit entspricht, so sollten Sie auf ihre Botschaft hören, denn mit großer Wahrscheinlichkeit hat sie etwas bemerkt, das hinter den Worten liegt. Die Kunst, Logik und Intuition in ein ausgewogenes Verhältnis zu bringen, entwickelt sich im Laufe der Zeit und erfordert Geduld, Aufrichtigkeit, Mut und Demut. Hören Sie zu und handeln Sie. Wenn Sie sich irren, so geben Sie dies bereitwillig zu, und versuchen Sie es noch einmal. Wenn Sie richtig liegen, so begreifen Sie dies als Möglichkeit, mehr zu lernen. Nutzen Sie beide Erfahrungen, um Ihre Fähigkeit, Ihre innere Stimme zu hören, weiterzuentwickeln.

Manchmal lassen sich Einbildungen und die wahre innere Stimme nur schwer voneinander unterscheiden. Deshalb möchte ich Ihnen einige Anhaltspunkte nennen, die Ihnen dabei helfen können: Phantasien enthalten ein Element der Hoffnung oder des Wunschdenkens, und sie scheinen dem Verstand zu entspringen. Intuition (die innere Stimme) enthält ein Element gelassener Begeisterung und Ruhe, und sie scheint einer Quelle außerhalb des Verstandes zu entspringen. Wenn Sie auch nur das leiseste Gefühl von Unruhe, Unbehagen oder Unaufrichtigkeit in sich verspüren, so geben Sie wahrscheinlich Ihrem eigenen Wunschdenken nach und verschleiern die Wahrheit Ihrer inneren Stimme. Wenn Sie sich nicht sicher sind, ob das, was Sie hören, Ihre innere Stimme ist, dann ist sie es wahrscheinlich auch nicht.

Wenn Sie Ihre innere Stimme hören, haben Sie gewöhnlich das Gefühl, bereits zu wissen, was sie Ihnen sagt. Außerdem erzeugt sie ein inneres Wohlgefühl; Sie sind im Kontakt mit sich selbst (auch wenn es nur für einen Augenblick ist). Am besten werden Sie mit Ihrer Intuition vertraut, wenn Sie sie immer wieder auf die Probe stellen. Überprüfen Sie ehrlich, ob die Entscheidungen, die Sie aufgrund von Ratschlägen Ihrer inneren Stimme getroffen haben, in der «realen alltäglichen» Welt die richtigen waren. Wenn Sie beispielsweise «gehört» haben, daß Sie bestimmte Aktien kaufen sollten, und der Kurs dieser Aktien ist dann kurz nach dem Kauf gesunken, können Sie davon ausgehen, daß Sie nicht richtig «gehört» haben. (Ich würde allerdings niemandem empfehlen, mit Hilfe seiner «inneren Stimme» an der Börse zu spekulieren. Abgesehen von der Frage der Ethik ist es in jedem Fall sinnvoller, gründlich zu prüfen, in welche die Unternehmen Sie investieren wollen.) Überprüfen Sie die Information, die Ihre innere Stimme Ihnen gibt, anhand der «irdischen» Realität.

Visualisation
zum Erlangen von Einsicht,
zur Lösung von Problemen und zum
Entwickeln effektiven Verhaltens

Die folgende Visualisation kann Ihnen helfen Probleme zu lösen und ein ausgewogenes und effektives Verhalten zu entwickeln, das sich sowohl auf den Verstand als auch auf Ihre innere Stimme stützt. Die Übung leistet Ihnen nicht nur sehr nützliche Dienste, wenn Sie den Streß in Ihrem Leben, der oft mit wichtigen Entscheidungen verbunden ist, verringern wollen, sondern sie wird Ihnen auch helfen, die Natur der Wahrheit oder den leitenden Geist in Ihrem Inneren zu entdecken.

Sie sollten die Visualisation nur dann praktizieren, wenn Sie sich sicher sind, daß Sie nicht gestört werden. Sie können sie zehn Minuten lang üben oder so lange, wie Sie möchten.

Die Visualisation

1. Sie sitzen mit aufgerichteter Wirbelsäule, Ihre Hände ruhen mit den Händflächen nach unten auf Ihren Oberschenkeln. Ihre Füße stehen fest auf dem Boden, Ihre Beine nebeneinander. Halten Sie den Kopf gerade, das Kinn leicht geneigt (etwa 2,5 cm).

2. Schließen Sie die Augen.

3. Richten Sie Ihre Aufmerksamkeit auf das Herz-Zentrum in der Mitte Ihrer Brust.

4. Atmen Sie einmal lange und langsam durch die Nase ein, und stellen Sie sich vor, daß die Luft Ihr Herz-Zentrum füllt. Lassen Sie dann den Atem langsam durch die Nase ausströmen, und stellen Sie sich vor, daß er durch das Zentrum Ihrer Brust hinausfließt. Lassen Sie beim Ausatmen alle physischen, mentalen und emotionalen Spannungen los.

5. Fahren Sie damit so lange fort, bis Sie ruhig, klar und friedvoll sind – still wie ein See.

6. Stellen Sie sich als nächstes vor, daß bei jedem Einatmen ein ruhiges violettes Licht in die Mitte Ihrer Brust strömt und daß es langsam Ihren Körper füllt. Während Sie weiteratmen, breitet sich das violette Licht in Ihrem ganzen Körper aus, tritt dann durch die Haut aus dem Körper und hüllt Sie in eine leuchtende Kugel aus Licht. (Wenn es Ihnen schwerfällt, dies zu visualisieren, sprechen Sie innerlich: «Ich bin ganz mit violettem Licht gefüllt, das meinen Körper wie eine leuchtende Kugel umhüllt.»)

7. Dehnen Sie bei jedem Ausatmen die Kugel oder das Ei aus violettem Licht so weit wie möglich aus.

8. Richten Sie nun Ihre Aufmerksamkeit auf die Frage, das Problem oder die Handlung, die Sie sich in ihrer Essenz anschauen wollen, und finden Sie die Wahrheit darüber heraus.

9. Legen Sie das, worum es geht, innerlich so klar und genau wie möglich dar.

10. Welche Gedanken haben Sie darüber? Lassen Sie jeden Gedanken auftauchen, beobachten Sie ihn, und lassen Sie ihn dann wieder los. Fahren Sie damit so lange fort, bis Sie keinen Gedanken mehr darüber haben.

11. Schauen Sie sich nun den betreffenden Sachverhalt an, und erforschen Sie dabei Ihre Gefühle. Lassen Sie jedes Gefühl in sich auftauchen, erfahren Sie es, und lassen Sie es dann wieder los.

12. Was geschieht in Ihrem Körper, während Sie Ihre Gedanken und Gefühle erfahren? Beobachten Sie Ihren Körper, und entspannen Sie sich.

13. Was glauben Sie bezüglich der Frage, des Problems oder der Handlung, mit der Sie sich auseinandersetzen? Beobachten Sie Ihre Annahmen. Können Sie sich vorstellen, daß sie nicht zutreffen? Können Sie sich gegenteilige Annahmen vorstellen? Lassen Sie das, was Sie glauben, nachdem Sie es beobachtet haben, aus Ihrem Geist fortziehen.

14. Richten Sie die Aufmerksamkeit wieder auf Ihren Atem. Atmen Sie lange und langsam aus dem Zentrum Ihrer Brust heraus ein und aus, so wie Sie es bereits getan haben. Lösen Sie währenddessen alle physische, mentale und emotionale Spannung auf. Fahren Sie damit fort, bis Sie ruhig, klar und friedvoll wie ein stiller See sind.

15. Verlagern Sie Ihre Aufmerksamkeit auf Ihre intuitive Stimme bzw. auf die Stimme, die anders ist als das, was Sie denken, glauben oder fühlen. Was sagt Ihnen diese Stimme? Entspannen Sie sich, hören Sie zu, und lassen Sie währenddessen alle anderen Gedanken und Emotionen los.

16. Hören Sie, ohne das Gehörte in Worte kleiden zu wollen.

17. Fahren Sie mit diesem Prozeß fort, bis sich ein Gefühl des Abschlusses, der Erfüllung und der Ruhe einstellt.

18. Welche Schritte können Sie unternehmen, die mit diesem Gefühl der Erfüllung in Einklang stehen?

19. Welche neuen Sichtweisen oder Ideen befinden sich mit diesem Gefühl in Einklang?

20. Formulieren Sie innerlich die Gedanken, Gefühle, Ideen oder Erkenntnisse, die in Ihnen aufgetaucht sind und die mit dem Gefühl innerer Erfüllung in Einklang stehen.

21. Richten Sie dann Ihre Aufmerksamkeit wieder auf das Herz-Zentrum in der Mitte Ihrer Brust. Atmen Sie, und stellen Sie sich vor, daß Ihr Atem in Ihr Herz-Zentrum ein- und ausströmt. Wiederholen Sie dies dreimal.

22. Richten Sie Ihre Aufmerksamkeit nun wieder auf das violette Lichtfeld, das Sie umgibt.

23. Atmen Sie dreimal durch Ihre Nase ein, und stellen Sie sich vor, daß sich das violette Licht bei jedem Einatmen immer weiter ins Innere Ihres Körpers zurückzieht. Beim dritten Einatmen befindet es sich ganz innerhalb Ihres Körpers.

24. Atmen Sie erneut dreimal ein und aus. Bei jedem Einatmen zieht sich das violette Licht stärker zusammen und füllt Ihr Herz. Beim dritten Einatmen ist Ihr Herz ganz von dem violetten Licht ausgefüllt.

25. Verlagern Sie die Aufmerksamkeit von Ihrem Herz-Zentrum auf Ihren Atem. Atmen Sie einmal tief durch die Nase ein und dann kräftig durch Ihren Mund aus, wobei Sie die Luft ausstoßen. Tun Sie dies dreimal, und stoßen Sie die Luft dabei jedesmal kräftiger durch den Mund aus.

26. Richten Sie Ihre Aufmerksamkeit auf den Stuhl, auf dem Sie sitzen, und visualisieren Sie den Raum oder die Umgebung, in der Sie sich befinden. Wenn Sie sich bereit fühlen, öffnen Sie die Augen und strecken Sie Ihre Glieder.

27. Wenn Sie wollen, schreiben Sie auf, was Sie gelernt, beschlossen oder erkannt haben, damit Sie sich später daran erinnern können.

Ihre Verpflichtung der Wahrheit gegenüber muß total sein

Ihre Verpflichtung der Wahrheit gegenüber muß total sein. Zwar gibt es einige allgemeine Orientierungshilfen (siehe Kapitel 9), doch keine absoluten Regeln, nach denen Sie sich in Ihrem Handeln richten können. Schauen Sie einfach tief in sich hinein, um festzustellen, was Ihre innere Stimme Ihnen sagt. Legen Sie die inneren Lügen bloß, die Sie plagen. Stellen Sie fest, in welchen Bereichen Ihres Lebens Sie sich unwohl oder schlecht fühlen oder sich in einer Art Tauziehen mit Ihrem inneren Selbst befinden. Stellen Sie fest, in welchen Bereichen Ihre Taten nicht richtig oder nicht ganz ehrlich sind. Machen Sie sich klar, wann Sie aus der Defensive heraus handeln. Haben Sie keine Angst davor, unrecht zu haben, sondern den Mut, sich so ehrlich wie möglich anzuschauen.

Vielleicht werden Sie Schmerz, Streß, Schuldgefühle oder Unsicherheit empfinden, bevor Sie bemerken, daß sich etwas in Ihrem Inneren aufhellt. Anfänglich wird Ihnen vielleicht nicht gefallen, was Sie fühlen, doch bleiben Sie dabei, und seien Sie unbesorgt. Wenn Sie Lügen und Halbwahrheiten von der Wahrheit trennen, wird Ihr Lebensweg auf längere Sicht immer leichter werden. Schließlich wird die Wahrheit Ihnen beständig den Weg weisen und Sie durch das Labyrinth Ihres Verstandes, Ihrer Emotionen und Ihrer Probleme geleiten.

Meditation:
Wer bin ich?

Diese alte Meditation ist eine der besten Meditationen überhaupt. Indem Sie fortwährend über die Frage «Wer bin ich?» nachsinnen, streifen Sie allmählich alle einschränkenden Vorstellungen über sich selbst ab, um aufzudecken, wer Sie wirklich sind. Diese Meditation hilft Ihnen, über die Begrenzungen Ihres Verstandes hinauszugehen und Ihr wahres Selbst zu enthüllen. Sie entdecken auf diese Weise das, was Sie mitnehmen, wenn Sie sterben, nämlich die höchste Wirklichkeit, die gleichzeitig Liebe, Wahrheit und Höherer Geist ist.

Die Anleitung zu dieser Meditation ist sehr einfach. Doch lassen Sie sich durch Ihre augenscheinliche Einfachheit nicht zu der fälschlichen Annahme verleiten, sie sei auch immer leicht zu praktizieren. Manchmal, besonders am Anfang, mag sie leicht erscheinen, zu anderen Zeiten wird sie sich jedoch als schwierig erweisen. Vielleicht wird Ihr Geist sich dagegen zur Wehr setzen, sich weigern, sich darauf zu konzentrieren, und allen verfügbaren Widerstand mobilisieren, während Sie seine Abwehrmechanismen und Illusionen zu beseitigen versuchen. Doch wenn Sie diese Meditation beharrlich üben, wird sie subtile, weitreichende und machtvolle Auswirkungen auf Sie und Ihr Leben haben.

Die Meditation

1. Sie sitzen oder liegen mit geradem Rücken und nicht überkreuzten Beinen. Ihre Hände liegen mit den Handflächen nach oben gerichtet neben Ihnen oder auf Ihrem Schoß. Schließen Sie die Augen.

2. Atmen Sie in langen, tiefen Zügen durch die Nase ein und aus, und konzentrieren Sie sich darauf, wie der Atem durch Ihre Nasenlöcher ein- und ausströmt. Entspannen Sie sich, wäh-

rend Sie dies tun, und richten Sie die Aufmerksamkeit ganz auf die Gegenwart.

3. Wenn Sie sich entspannt und in der Gegenwart fühlen, stellen Sie die Frage *Wer bin ich?* und beantworten Sie sie.

4. Meditieren Sie über die Antwort. Können Sie sich vorstellen, daß Sie auch dann existieren würden, wenn Sie nicht das wären, was Sie Ihrer Antwort zufolge sind? Wenn das zutrifft, haben Sie die Antwort noch nicht gefunden. Stellen Sie die Frage dann erneut, und meditieren Sie wieder über die Antwort.

5. Fahren Sie mit der Frage «Wer bin ich?» fort, bis jede Art von Vorstellung, die Sie von sich selbst haben, verschwunden ist. Stellen Sie die Frage so lange, bis Sie sich mit jeder Beschreibung und mit jedem Gefühl dessen, was Sie selbst sind, beschäftigt haben. Stellen Sie sich immer wieder die Frage, und weisen Sie alles zurück, was Sie nicht sind.

6. Sie können diese Meditation beliebig lange praktizieren, am besten über einen bestimmten Zeitraum jeden Tag, sogar während Sie einer anderen Beschäftigung nachgehen. (Falls Sie sich an einem Ort befinden, wo Sie unliebsame Aufmerksamkeit erregen, wenn Sie die Augen schließen, beispielsweise an Ihrem Arbeitsplatz, können Sie die Meditation auch mit offenen Augen üben.)

❧ ❧ ❧ Wahrheit ist

Wahrheit hat keine Grenzen,
    kein Ende und keinen Anfang.
Sie ist das Herz des Universums
    und das wundervolle Zentrum
    unserer eigenen strahlenden Seele.

So wie Wasser, der Fluß und das Meer
    in ihrer Essenz gleich sind,
    so sind dies auch Wahrheit, Liebe und das Selbst.
Das ist es, was du bist:
    ein ewiges Sein in der unendlichen
    Gegenwart.

Obwohl so formlos wie der Wind,
    so grenzenlos wie das Licht
    und so unbeschreiblich wie die Liebe,
    lasse dich nicht täuschen.
Denn Wahrheit ist von unübertroffener Wirklichkeit.

Wahrheit ist still und leer,
    doch je länger du schweigend lauschst,
    um so lauter erschallt ihr Ruf
    in der Höhle deines tiefsten Herzens.
Überantworte dich ihrer lebensspendenden Stimme.

Sie offenbart sich unablässig
   als eine fortwährende Erfahrung
   unmittelbaren und direkten Wissens.
Tauche tief in ihr grenzenloses Zentrum ein,
   und finde, was du immer
   gewußt hast.

Wahrheit ist der Weg
   und der mitfühlende Lehrer,
   der in deinem Herzen weilt.
Höre auf die Herzensstimme der Wahrheit,
und sei offen für die Augen deiner
Seele.

Erlaube nicht den Phantomen
   des Denkens, der Zeit und der Form,
   dein Leben in ihren endlichen Händen zu halten.
Folge dem Weg der Wahrheit, mein Freund,
   der dich zum Ursprung deiner eigenen Ewigkeit führt. ﻌ ﻌ ﻌ

Hingabe, Loslassen und Akzeptieren

Die fünfte Übung

Diesem Pfad zum Höheren Geist kann man unmöglich folgen, wenn man nicht Hingabe lernt. Dies bedeutet, jeden Augenblick, der vorübergeht, loszulassen, ihn vorbeiziehen zu lassen, so daß wir ganz hier sein können. Es bedeutet, alle Vorurteile und alle vorgefaßten Meinungen aufzugeben, um die Weisheit des Jetzt zu finden. Es bedeutet, daß wir unsere Illusionen und falschen Überzeugungen aufgeben, so daß wir das Leben so erfahren können, wie es wirklich ist. Nur durch Hingabe können wir jene Zufriedenheit erfahren, die entsteht, wenn wir alles akzeptieren, was das Leben uns bringt. Erst wenn wir unsere Vorstellungen darüber, wie unser Leben sein sollte, loslassen, können wir uns an dem erfreuen, was es tatsächlich ist. Wir müssen das Bedürfnis, «jemand zu sein», aufgeben und uns zugestehen, «niemand besonderes» zu sein. Wir müssen uns so akzeptieren, wie wir sind, mit allen unseren Fehlern und Unzulänglichkeiten, und nicht mehr versuchen, anderen etwas vorzuspiegeln. Hören Sie auf, immer perfekt sein zu wollen, und gestatten Sie sich Fehler. Wenn wir die Kontrolle aufgeben, werden wir viel entspannter. Wir können das Leben

erst dann in seiner ganzen Fülle erfahren, wenn wir ler-
nen, Angst, Stolz, Wut, Gier, Neid, Schuld und Scham
aufzulösen, sobald diese Gefühle in uns aufsteigen.
Wenn wir unser Herz unserer Verletzlichkeit öffnen und
wir unser Mißtrauen loslassen, öffnen wir uns der Liebe.

Seien Sie bereit, alles, was auf Sie zukommt, zu akzeptieren, eine neue Sichtweise ebenso wie neue Lebensumstände. Wenn Sie diese Art von Bereitschaft entwickeln, werden Sie über die Geschenke staunen, die Sie empfangen – darunter auch das Geschenk dauerhafter innerer Zufriedenheit.

Es ist nicht immer leicht,
etwas aufzugeben

Es ist nicht immer leicht, etwas aufzugeben. Besonders schwierig kann dies sein, wenn Sie sich für das, was Sie aufgeben sollen, keinen Ersatz vorstellen können. Möglicherweise kommen Sie sich albern vor, oder Sie haben Angst oder fühlen sich in die Defensive gedrängt. Es ist völlig in Ordnung, solche Gefühle zu haben. Stellen Sie einfach fest, daß sie da sind, und seien Sie bereit, ihnen nicht mehr so viel Aufmerksamkeit zu schenken. Vielleicht hilft es Ihnen zu sagen: «Ich lasse los» und sich dann von der inneren Stimme der Wahrheit leiten zu lassen. Seien Sie nicht enttäuscht, wenn Sie immer wieder die gleiche Sache loslassen müssen. Nur in den seltensten Fällen ist es mit einem einmaligen Versuch getan.

Ein praktisches Beispiel
für die positiven Auswirkungen des Aufgebens

Daß es Ihnen auf emotionaler und spiritueller Ebene hilft, wenn Sie aufgeben und akzeptieren, können Sie leicht feststellen. Es kann Ihnen aber auch auf eine sehr praktische Weise in Ihrem Alltagsleben helfen. So habe ich persönlich vor kurzem sehr davon profitiert, daß ich in der Lage war, meine Vorstellungen und Bilder von mir aufzugeben und die Wahrheit zu akzeptieren. Vor einigen Jahren habe ich mein ganzes Geld investiert, um die Schmuckmanufaktur meines Exmannes zu kaufen. Kurz darauf machte mich mein Steuerberater darauf aufmerksam, daß mein Unternehmen jeden Monat einen riesigen Verlust machte und daß ich bald bankrott sein würde, wenn das so weiterginge. Wie zur Bestätigung dieser Warnung erhielt ich Telefonanrufe von verschiedenen Banken, von Gläubigern und von anderen Unternehmen, denen ich Geld schuldete. Natürlich forderten sie alle mehr Geld von mir, als ich hatte ... und zwar sofort.

Bis dahin hatte ich es mehreren Managern überlassen, sich um die Betriebsführung zu kümmern, da ich der Annahme war, ich bräuchte selbst nichts weiter zu tun, als Schmuck zu entwerfen. Deshalb hatte ich die Zeit, mein Kristallbuch zu schreiben, Musikaufnahmen und geleitete Meditationen zu produzieren und Workshops durchzuführen. Alles schien so gut zu laufen – das glaubte ich zumindest damals. Doch nun mußte ich meine Illusionen darüber aufgeben und erkennen, daß die Situation ganz und gar nicht in Ordnung war. Ich mußte der Realität ins Auge sehen, daß ich nicht erfolgreich war und möglicherweise Bankrott machen würde. Auch von der Überzeugung, daß ein Unternehmen, das aus dem Herzen kam und dem Wohle der Menschheit dienen wollte, keinen Mißerfolg haben könnte, mußte ich mich trennen. Ich war gezwungen, mich eingehend mit den Tatsachen auseinanderzusetzen, statt mich meinem Wunschdenken hinzugeben, in Panik auszubrechen oder gleich Konkurs anzumelden.

Erst als ich diese einschränkenden Gefühle und vorgefaßten Meinungen losließ, konnte ich wirkungsvolle Schritte unternehmen, die schließlich zu einer zufriedenstellenden Lösung führten. Ich befaßte mich sofort wieder selbst mit den in meinem Unternehmen täglich anfallenden Entscheidungen und versuchte genau festzustellen, wo die Probleme lagen. Als erstes suchte ich mir erfahrene Berater, die mir genau sagen konnten, wo es schieflief. Außerdem informierte ich mich so gründlich wie möglich über Betriebsführung und Finanzen, wobei ich auch wieder alle Vorstellungen darüber, daß ich «schon wüßte, was ich täte, und deshalb keine Hilfe bräuchte», loslassen mußte. Ich ließ mich so direkt wie möglich auf die persönliche und geschäftliche Situation ein, in der ich mich befand, und versuchte sie realistisch einzuschätzen, statt mich mit all meinen Ängsten und Projektionen selbst zu täuschen. Da Rechtsanwälte und Bankiers mich mit vereinten Kräften über das Telefon in die Zange nahmen, war das ganz und gar nicht einfach, zumal ich gerade ein Kind geboren hatte und ich mich außerdem auch noch von einer schweren Erkrankung erholte, die mich fast das Leben gekostet hätte.

Auch mein altes Bild, wer ich im Leben sei, mußte ich aufgeben. Es wurde zu meiner Meditation, jedes Anhaften an eine Identität aufzugeben, die auf meine Unternehmerinnenrolle, auf mein Wissen über Kristalle, mein New-Age-Engagement sowie meine Sicht von mir selbst als Heilerin und Lehrerin gegründet war. Ich mußte mich von allem lösen, was meine Identität definiert hatte, außer von meinem innersten Kern. Dies war ein kontinuierlicher Prozeß, in dessen Verlauf ich unbeirrt mein wahren Selbst im Auge behalten mußte und mich nicht von auftauchenden Emotionen oder Gedanken ablenken lassen durfte, die aus meiner falschen Identität hervorgingen. Erst als mir dies gelungen war, hatte ich genügend inneren Raum, um sowohl die begangenen Fehler wie auch die Lösungen zu sehen, emotional im Gleichgewicht zu bleiben und die notwendigen Veränderungen in meinem Betrieb durchzusetzen. Heute ist meine Manufaktur wieder erfolgreich.

Wie dieses Beispiel zeigt, machen wir nicht nur Fortschritte auf dem Pfad der Selbstentdeckung, wenn wir uns im Aufgeben üben, sondern auch unser tägliches Leben verändert sich zum Positiven. Wenn Sie loslassen können, statt sich in unfruchtbare, gefährliche oder ungesunde Situationen zu verstricken, ist Ihr Weg frei, und Sie können sich weiterentwickeln. Sie finden nicht nur Lösungen, sondern auch die Mittel zu deren Umsetzung, ob es nun darum geht, ein Unternehmen zu reorganisieren, einen Konkurs abzuwenden, den Beruf zu wechseln oder umzuziehen. Wenn Sie sich in einer unzuträglichen persönlichen Beziehung befinden, können Sie diese loslassen und sie verändern. Wenn jemand Sie verläßt oder eine Beziehung zu Ende geht, wissen Sie, daß dies für Sie nicht das Ende ist, auch wenn es sich vielleicht zunächst so anfühlt. Angst und Unsicherheit halten Sie dann nicht mehr in Lebensumständen gefangen, die Ihre eigene Integrität oder Ihre Zufriedenheit gefährden.

Der Prozeß des Aufgebens

Manchmal ist es nicht sogleich erkennbar, was wir aufgeben müssen. Immer wenn Sie wütend werden oder sich in die Defensive gedrängt fühlen, können Sie davon ausgehen, daß Sie etwas aufgeben müssen. Häufig ist es schwierig herauszufinden, was es ist. Zum Glück ist dies gar nicht notwendig. Denn auch ohne es zu wissen, können wir aufgeben. Wir brauchen dazu nichts weiter als die *Bereitschaft* aufzugeben. Schon allein dadurch wird der Prozeß des Loslassens in Gang gesetzt. Wenn Sie diese Art des Aufgebens und Loslassens üben, wird sie nach einer Weile zu Ihrer zweiten Natur werden, so daß Sie schließlich in einem Zustand ständiger Hingabe leben.

Hingabe bedeutet nicht, daß Sie in Ihrem Leben nicht mehr aktiv und kreativ sind, sondern daß Sie alles loslassen, was Sie daran hindert, in einem Zustand der Wahrheit zu leben. Sie lassen sich nicht mehr von Furcht leiten und wissen, daß Sie in sich selbst immer über das verfügen, was Sie brauchen, um mit allen Problemen und Herausforderungen Ihres Lebens fertig zu werden. Nicht länger von Meinungen eingeschränkt, verfügen Sie über mehr Lösungsmöglichkeiten. Je mehr Sie aufgeben, um so mehr Einschränkungen beseitigen Sie.

Um aufgeben zu können, muß man vertrauen können. Lassen Sie los, und vertrauen Sie auf den Höheren Geist. Akzeptieren Sie die Tatsache, daß Sie letztlich keine Kontrolle über das Leben haben, wie sehr Sie dies auch versuchen mögen. (Tatsächlich hat das Leben um so mehr Kontrolle über Sie, je weniger Sie sich hingeben.) Geben Sie Ihre Verteidigungshaltung auf, und begeben Sie sich in die Obhut des Höheren Geistes. Gehen Sie Ihren Weg, und vertrauen Sie. Das hat Jesus gemeint, als er sagte: «Betrachtet die Lilien auf dem Felde, wie sie wachsen: sie arbeiten nicht und spinnen nicht. Ich sage euch aber: selbst Salomon in all seiner Pracht war nicht gekleidet wie eine von diesen.» Und im Psalm 23 «Der gute Hirte» heißt es: «Und muß ich auch wandern in finsterm Tale, ich fürchte kein Unheil, denn du bist bei mir.»

Wie es sich anfühlt, Hingabe zu praktizieren

Sobald Sie loslassen, verspüren Sie sofort eine Erleichterung. Es ist, als kämen Sie aus einer engen, stickigen Kiste an die frische Luft. Sie empfinden ein Gefühl von Raum, wie Sie es nie zuvor hatten. Sie spüren eine Leichtigkeit, als ob Sie gerade viele Pfunde Ihres Körpergewichts verloren hätten und eine schwere Last von Ihrem Geist abgefallen wäre. Wenn Sie aufgegeben haben, müssen Sie nicht mehr versuchen, etwas zu werden, gegen etwas anzukämpfen oder etwas zu verteidigen. Sie können die Mauern niederreißen, die Ihr Herz umgeben und beschützen und können einfach sein. Dann spüren Sie, wie die in Ihrem Herzen schlummernde Liebe in ihrer ganzen kostbaren Verletzlichkeit und Freude erwacht. Ihr Geist hört dann allmählich auf dahinzurasen, und Ihr Körper läßt seine Anspannung mehr und mehr los. Schließlich können Sie sich völlig entspannen – Ihre zusammengepreßten Kiefer lockern, Ihren schmerzenden Rücken und Ihre Schultern und Ihren verkrampften Magen entspannen. Ihr Atem wird dann tiefer und langsamer, Ihre Lungenflügel dehnen sich ungehindert aus, und Ihr Geist und Ihre Emotionen beruhigen sich. Hingabe bedeutet, daß Sie eine wundervolle innere Freiheit verspüren, die dem beginnenden Frühling und dem ersten Morgendämmern gleicht.

Affirmationen
Zur Förderung von Hingabe und Loslassen

Affirmationen im Geist oder laut zu wiederholen ist eine der besten Methoden, Hingabe, Loslassen und Akzeptieren zu lernen. Diese Methode ist nicht nur überaus effektiv, sondern sie paßt auch in jede Lebenssituation. Ich selbst habe jahrelang die folgende Affirmation benutzt: «Nicht mein Wille geschehe, sondern Deiner.» Sie hat für mich immer sehr stark und augenblicklich gewirkt. Sie hat mich unablässig daran erinnert, mich der Fürsorge und der Leitung einer höheren Realität zu überantworten und anzuvertrauen, einer Realität, die dauerhafter ist als mein kleines individuelles Ich mit seinen sich ständig wandelnden Begierden und Ängsten. Diese Affirmation können wir wirklich bei jeder Herausforderung, vor die uns das Leben stellt, anwenden, sei es der Ärger über einen schwierigen Mitarbeiter oder eine schwere Krankheit.

Hier folgen einige Affirmationen, die Ihnen helfen können, Stärke und Hingabe zu entwickeln. Probieren Sie aus, welche sich für Sie am besten anfühlt. Wiederholen Sie diese Affirmation im Geist immer dann, wenn Sie etwas aufgeben müssen, wenn Sie von Angst oder Zweifeln geplagt werden, wenn Sie das Gefühl haben, mehr Kraft zu brauchen, als Sie haben, oder wenn Sie sich an die

Hingabe erinnern wollen. Lassen Sie die Worte der Affirmationen tief in Ihre Seele sinken, damit sich Ihr Vertrauen entwickelt. Lassen Sie sich durch diese Worte von allem befreien, was Ihr Herz gefangenhält.

Affirmationen
Zur Entwicklung von Hingabe und Vertrauen

1. «Ich gebe mich in Deine Hände.»
2. «Mein Herz ist Dein.»
3. «Ich übergebe Dir meine Angst.»
4. «Ich ergebe mich in Deinen grenzenlosen Frieden.»
5. «Alles, was ich habe, ist Dein.»
6. «Dein ist der Weg des Glücks.»
7. «Alles, was ich bin, bist Du.»
8. «Nicht mein Wille geschehe, sondern Deiner.»
9. «Ich bin gut, so wie ich bin.»
10. «Ich vertraue Deiner Stimme in meinem Herzen.»
11. «Ich bringe Dir meinen Körper, mein Herz, meinen Geist und meine Seele dar.»
12. «Du bist mein göttlicher Hirte, und mir wird nichts fehlen.»

Natürlich können Sie auch andere Affirmationen benutzen. Wenn Ihnen keine geeignet erscheint, so versenken Sie sich tief in Ihr inneres Selbst, und entdecken Sie dort eine Affirmation, die die gewünschte Wirkung auf Sie hat. Entspannen Sie sich dazu in einer Haltung der Hingabe, und stellen Sie fest, welche Worte Ihre Gefühle wirklich wiedergeben. Hören Sie die Worte, die aus Ihrem eigenen Herzen aufsteigen.

Akzeptieren

Wie ich bereits gesagt habe, ist Akzeptieren der natürliche Schritt, welcher der Hingabe folgt. Tatsächlich sind beide oft so untrennbar miteinander verbunden wie Reben des gleichen Weinstocks. Während Hingabe eine Empfindung des Loslassens ist, ist Akzeptieren ein Gefühl des «Sichfüllens» oder des «In-sich-Aufnehmens». Akzeptieren ist zutiefst lebensbejahend. Ebenso wie man sich nur dem Gegenwärtigen hingeben kann, kann man auch nur etwas Gegenwärtiges akzeptieren, nicht etwas, das der Vergangenheit oder Zukunft angehört. Aus der Haltung der Hingabe und des Akzeptierens heraus zu leben bedeutet, daß Sie alles akzeptieren, auch Ihren Entschluß, etwas zu verändern, und dessen Umsetzung. Sie akzeptieren «Schlechtes» ebenso wie «Gutes». Sie akzeptieren auch, wenn Sie nicht das Richtige tun oder zumindest nicht das, was Sie Ihrer Meinung nach eigentlich tun sollten. Es gibt nichts, das Sie nicht akzeptieren können – sogar Ihr eigenes Nichtakzeptieren.

In vielen Fällen mag einem diese innere Haltung des Akzeptierens als nicht angemessen erscheinen. Wenn Sie beispielsweise sehen, was in der Welt geschieht, wenn Sie sehen, wie die Menschen sich bekämpfen und einander umbringen, empfinden Sie vielleicht Trauer und Wut. Sie fühlen den ungeheuren Schmerz so vieler leidender Menschen, und es erscheint Ihnen sinnlos und falsch, daß dies so ist. Angesichts all des furchtbaren Unrechts, das tagtäglich überall geschieht, kann es sehr schwierig sein, das alles zu akzeptieren. Doch gibt es eine andere Wirklichkeit, in welcher aller Schmerz und alles Leiden seinen Sinn hat. Aus dieser Sicht gesehen hat alles, was unser emotionales und rationales Begriffsvermögen übersteigt, einen Sinn, und wenn man aus dieser Perspektive Kriege, Morde und andere Formen des Leidens betrachtet, gibt es nichts zu verändern. Das, was geschieht, ist aus dieser Perspektive betrachtet weder richtig noch falsch, sondern einfach so, wie es ist. Man kann nichts anderes tun, als zu beobachten und zu verstehen.

Doch gleichzeitig gibt es natürlich jene andere Realität, die uns so vertraut ist und in der all dieses ungeheure menschliche Leid zweifellos ein großes Unrecht ist.

Akzeptieren, Verlangen und Veränderung

Ich habe lange versucht, das oft paradoxe Problem der Hingabe und des Akzeptierens zu verstehen. Dabei hat mich ein alter Text über den Zustand der Erleuchtung, *Hsin Hsin Ming* von Sengstan, dem dritten Zen-Patriarchen, stark beeinflußt und bewegt. Der Schlüssel zum Pfad des Erwachens liegt im ersten Satz dieses Textes: «Der große Weg ist nicht schwer für jene, die keine Vorlieben haben.» Ich habe versucht, diesen Satz auf mein Leben anzuwenden, dabei jedoch irrtümlich geglaubt, er bedeute, daß ich versuchen müsse, mich in keiner Weise darum zu kümmern, was mit mir geschehe. Ich interpretierte den Satz in dem Sinne, daß es für mich keinen Unterschied machen dürfte, ob mich jemand liebte oder haßte, ob mich jemand gut oder abscheulich behandelte, ob ich etwas tat, das mir Spaß machte, oder etwas, das mir ganz und gar nicht gefiel. Ich glaubte, ich dürfte nicht versuchen, etwas zu unternehmen, um glücklich oder unglücklich zu werden, daß ich alles, was ich empfand, nur beobachten und keinesfalls ändern sollte, weil dies bedeuten würde, daß ich bestimmte Vorlieben hegte.

Ich kam zu dem Schluß, daß ich dies am schnellsten lernen könnte, wenn ich mich entweder in Situationen begäbe, die mir unangenehm waren, oder mich auf Weisen behandeln ließe, die mir nicht gefielen, und dann versuchen würde, Gleichmut zu entwickeln. Statt mich also von Situationen abzuwenden, die starke negative Reaktionen in mir erzeugten, steuerte ich geradewegs auf sie zu und versuchte, im gegenwärtigen Augenblick zu bleiben und Gleichmut zu bewahren. Ich glaubte, auf diese Weise das Bedürfnis, etwas zu verändern, ausschalten zu können, weil ich keinerlei Vorlieben mehr hatte.

Ich beschäftigte mich auch mit der buddhistischen Lehre, die sagt, daß Verlangen (Vorlieben haben) die Ursache allen Leidens sei. Ich glaubte, um zur Erleuchtung gelangen zu können, müsse man frei von jedem Verlangen sein. (Auch das ist ein sehr verbreitetes spirituelles Mißverständnis.) So versuchte ich jahrelang, alle meine Begierden aufzugeben. Wenn ich feststellte, daß ich Verlangen nach Geld hatte, gab ich mein ganzes Geld weg. Wenn ich mein langes Haar schön fand, schnitt ich es ab. Wenn ich Verlangen nach Sex verspürte, lebte ich enthaltsam. Wenn ich mir ein gemütliches Zuhause wünschte, gab ich meine Wohnung auf und zog in einen Aschram oder in eine andere bescheidenere Umgebung. Selbst als ich nichts mehr besaß außer meiner Schlafdecke, ein paar Kleidungsstücken und einem kleinen Meditationsaltar, tauchte noch das Problem auf, daß jedesmal, wenn ich ein Verlangen aufgab, sogleich ein anderes an seine Stelle trat. Der Prozeß schien nie zu enden!

Nachdem ich jahrelang versucht hatte, Hingabe und Aufgeben zu üben und die Natur meiner Anhaftung an Verlangen zu verstehen, erkannte ich schließlich die Wahrheit. Meine innere Zufriedenheit, meine Geistesverfassung und mein Gewahrsein des inneren Geistes hingen nicht davon ab, daß ich ständig meinen Besitz, mein Verlangen und alles, was damit verbunden war, aufgab. Ich erkannte, daß «keine Vorlieben haben», wie es im *Hsin Hsin Ming* ausgedrückt war, nicht das bedeutete, was ich darunter verstanden hatte. Ich erkannte, daß meine innere Zufriedenheit auf etwas viel Tieferem basierte als auf meinen Begierden, die ebenso wie alle anderen Gedanken und Emotionen kamen und gingen. Meine Wünsche oder meine Vorlieben aufzugeben bedeutete nicht, daß ich versuchen mußte, sie gar nicht zu haben. Vielmehr konnte ich in einem Zustand verweilen, in dem ich nicht an ihnen haftete und sie kommen und gehen ließ, während ich in dem zentriert blieb, was ich wirklich in der Essenz war. Dies gilt für «gute» Verlangen ebenso wie für «schlechte».

Keine Vorlieben zu haben bedeutet also, die zwanghafte Vorstellung aufzugeben, daß etwas auf eine bestimmte Weise beschaffen sein muß, damit wir die grundlegende Wirklichkeit erfahren können. Wenn Ihnen dies gelingt, können Sie vollkommenes Selbstgewahrsein aufrechterhalten, unabhängig davon, welche Gedanken oder Gefühle Sie haben oder was geschieht. Sie können in jeder Situation Sie selbst sein. Sie halten Ihr Selbstgewahrsein ebenso bei Veränderung wie bei Nichtveränderung aufrecht.

Das *Hsin Hsin Ming* lehrt uns auch noch etwas anderes: Etwas zu akzeptieren bedeutet nicht, daß man es erdulden muß oder daß man es nicht verändern darf. Weder das Prinzip des Akzeptierens noch das der Hingabe bezieht sich auf Handeln oder auf Nicht-Handeln. Beide beinhalten nicht, daß nichts verändert werden darf, sondern sie weisen darauf hin, daß wir aufhören können, blind zu reagieren, und daß wir statt dessen die Wahrheit, die Dinge, so wie sie sind, sehen können. Hingabe und Akzeptieren beinhalten nicht, daß wir nicht handeln sollen, sondern sie ermöglichen uns, effizienter und bewußter zu handeln. Nur durch Akzeptieren können wir zu einem tiefen Verständnis eines Problems gelangen, und allein dies führt zu dauerhaften Lösungen.

Hingabe, Akzeptieren und innere Zufriedenheit

Akzeptieren ist nicht mit einer Haltung, die alles erlaubt, gleichzusetzen. Es gilt nach wie vor, daß alle Ihre Handlungen eine Wirkung haben und daß Sie ernten, was Sie säen. Das Gesetz von Ursache und Wirkung hat nichts von seiner Gültigkeit eingebüßt. Wenn Sie jemanden schlecht behandeln, wird diese Person Sie nicht nur genauso behandeln, sondern außerdem verhärten Sie auch Ihr Herz. Dadurch wird es schwierig für Sie, sich friedvoll und liebevoll zu fühlen. Wenn Sie nicht ehrlich sind, dann führt das nicht nur dazu, daß andere Ihnen keinen Glauben schenken, sondern Sie leiden unter einem Gefühl innerer Hohlheit, das entsteht, weil Sie Ihre Integrität aufgegeben haben. Wenn Sie sich selbst oder andere verletzen, verlieren Sie das Gleichgewicht und die Einsicht, die Sie benötigen, um dem Pfad zur Selbstentwicklung folgen zu können.

Wenn Sie sich ganz und gar hingeben und das Leben völlig akzeptieren, brauchen Sie immer weniger, um glücklich zu sein. Ihre Wünsche nehmen ab. Wenn Sie nicht viel brauchen, wird es leichter für Sie, das zu bekommen, was Sie wirklich brauchen. Sie werden feststellen, daß Sie ziemlich wenig wirklich brauchen, um glücklich zu sein. Früher oder später werden Sie sogar erkennen, daß Sie alles, was Sie wirklich brauchen, um glücklich zu sein, bereits haben, weil inneres Glück nicht von äußeren Dingen abhängt. Es ist bereits alles in Ihnen; Sie müssen es lediglich finden. Nur wenn Sie im Zustand des Akzeptierens leben, können Sie alles bekommen, was Sie brauchen. Haben Sie also keine Angst. Lassen Sie Ihre innere Kontrolle fahren. Lassen Sie Ihre Schutzmauern fallen, und vertrauen Sie darauf, daß alles sich zum Besten fügen wird. Vertrauen Sie darauf, daß für Sie gesorgt werden wird. Leben Sie in einem Zustand beständiger Hingabe, denn dies ist der Schlüssel zu dauerhaftem Glück.

Meditation:
Die Anhaftung an Verlangen aufgeben

Mit Hilfe der folgenden Meditation können Sie lernen, das unentwegte Kommen und Gehen des Verlangens in Ihrem Geiste lediglich zu beobachten, statt es befriedigen zu müssen. Wenn Sie in der Lage sind, Ihre Wünsche einfach nur zu beobachten, ohne etwas zu unternehmen, um sie zu erfüllen, können Sie herausfinden, welche tieferen Bedürfnisse ihnen zugrunde liegen. Und wenn Sie diese tieferen Bedürfnisse gefunden haben, wissen Sie, was Ihnen wahre Zufriedenheit bringt. Sie brauchen dann nicht mehr der Befriedigung flüchtigen Verlangens nachzujagen, um innere Erfüllung zu erreichen. Ihr Leben wird viel einfacher, und ein Gefühl der Ganzheit wird Sie erfüllen.

Die Meditation

1. Sie sitzen aufrecht oder liegen mit gerader Wirbelsäule auf dem Rücken. Ihre Hände ruhen entweder in Ihrem Schoß oder seitlich neben Ihrem Körper, wobei die Handflächen nach oben gerichtet sind. Ihre Beine liegen nicht überkreuzt, Ihr Blick ist nach vorn gerichtet, die Augen sind geschlossen.

2. Atmen Sie dreimal lang und tief ein und durch die Nase aus, und entspannen Sie sich bei jedem Ausatmen. Sprechen Sie innerlich: «Dein Wille geschehe» oder «Ich ergebe mich». Wenn Ihnen beides zu schwer fällt, dann sagen Sie nur das Wort «Ergeben».

3. Atmen Sie normal, und halten Sie die Aufmerksamkeit auf den Atem gerichtet. Sagen Sie erneut zu sich selbst: «Dein Wille geschehe», «Ich ergebe mich» oder «Hingabe». Machen Sie das eine oder zwei Minuten lang, bis Sie entspannt und im gegenwärtigen Augenblick zentriert sind.

4. Richten Sie Ihre Aufmerksamkeit nun auf Ihre Gedanken, und fragen Sie sich: «Was will ich?» Registrieren Sie, welche Antworten in Ihnen auftauchen. Denken Sie nicht darüber nach, antworten Sie einfach mit den ersten Worten oder den ersten Bildern, die in Ihnen auftauchen.

5. Sobald Sie etwas, das Sie wollen, erkannt haben, behalten Sie diesen Gedanken oder dieses Bild in Ihrem Geist, und registrieren Sie, wie Sie sich fühlen. Welchen Einfluß hat das Aufgetauchte – das, was Sie haben wollen – darauf, wie Sie sich fühlen? Wenn Sie sich vorstellen, das zu haben, was Sie sich wünschen, wie fühlen Sie sich dann dabei? Wenn Sie sich vorstellen, das, was Sie sich wünschen, nicht zu bekommen, wie fühlen Sie sich dann?

6. Fokussieren Sie sich auf diese Gefühle in Ihrem Inneren. Kommen sie aus Ihrem Herzen? Wünschen Sie sich nicht in Wahrheit das, was in Ihrem eigenen Herzen unerfüllt ist?

7. Fokussieren Sie sich auf Ihr Herz. Nehmen Sie zwei oder drei tiefe Atemzüge, und stellen Sie sich dabei vor, daß diese in Ihr Herz hinein- und wieder herausströmen. Spüren Sie, wie Ihre Brust weich wird. Lassen Sie in der Mitte Ihres Rükkens, zwischen den Schulterblättern, los. Lassen Sie die Spannung im Magen und im Kreuz los. Entspannen Sie das Kreuz, und lassen Sie den Bauch so weich wie den eines Babys werden.

8. Lassen Sie nun los. Geben Sie sich den Gefühlen in Ihrem Herzen hin. Lassen Sie diese Gefühle zu. Akzeptieren Sie sich mitsamt Ihren Gefühlen. Lassen Sie los, geben Sie auf. Geben Sie Ihren Widerstand auf. Geben Sie Ihren Kampf auf, Ihre Ängste, Ihre Zweifel und Ihren Schmerz. Fühlen Sie, was Sie fühlen. Seien Sie, wer Sie sind.

9. Spüren Sie nun, wie sich allmählich ein tiefer Friede in Ihnen ausbreitet. Er geht von Ihrem Herzen aus und erfüllt es, bis es überfließt und sich das Gefühl des Friedens in Ihrem ganzen Körper ausbreitet. Zugleich entsteht in Ihnen ein Gefühl vollkommenen Akzeptierens. Alles ist gut. Geben Sie diesem Gefühl des Vertrauens nach, das Sie mit so ruhiger Zufriedenheit erfüllt. Lassen Sie zu, daß sich dieses Gefühl in Ihnen ausbreitet, in Ihrem Körper, in Ihrem Geist und in Ihren Emotionen. Lassen Sie Ihre Seele ruhig werden.

10. Bewahren Sie dieses Gefühl ruhiger Erfüllung, und visualisieren Sie, daß ein weiches, rosafarbenes Licht sanft aus Ihrem Herzen und durch Ihren Körper strömt und Sie dann allmählich wie eine Kugel aus Schutz und Trost einhüllt. Je mehr Sie

in diesem rosa Licht baden, um so weicher und gleichzeitig kraftvoller fühlen Sie sich – die Kraft unendlichen Friedens. Wenn Sie mögen, können Sie zu sich selbst sagen: «Ich bin mit einem sanften rosa Licht gefüllt, das mich nährt und schützt.»

11. Bewahren Sie dieses Gefühl, und denken Sie noch einmal darüber nach, was es war, das Sie sich gewünscht haben. Können Sie dieses Verlangen als etwas fühlen, visualisieren oder auf andere Weise wahrnehmen, das getrennt von dem inneren Frieden, den Sie empfinden, existiert? Können Sie dieses Gefühl inneren Friedens bewahren, auch wenn Ihr Verlangen nicht erfüllt wird? Lassen Sie dieses Verlangen los. Lassen Sie es aus Ihrem Geist entschwinden, während Sie das Gefühl des inneren Friedens aufrechterhalten.

12. Empfinden Sie weiterhin jenes Gefühl der Zufriedenheit. Versuchen Sie nicht, danach zu greifen, sondern lassen Sie es los, lassen Sie es wie eine Wolke in Ihrem Herzen schweben. Lassen Sie jede Angespanntheit, die Sie in Ihrem Körper und besonders im unteren oder mittleren Bereich Ihres Rückens spüren, los. Lassen Sie dann auch Ihren Bauchbereich los, und lassen Sie die Mitte Ihrer Brust weich werden. Lassen Sie zu, daß sich Ihr Herz offen anfühlt.

13. Wenn Sie anderes Verlangen bemerken, so beobachten Sie es auf die gleiche Weise wie zuvor. Registrieren Sie, wie Sie sich angesichts seiner Befriedigung oder Nichtbefriedigung fühlen. Erkennen Sie die wahre Quelle Ihrer Gefühle, und lassen Sie das Verlangen dann los. Fahren Sie fort, ein Verlangen, sobald es auftaucht, aufzugeben oder loszulassen.

14. Dies wird allmählich immer leichter und schneller gehen. Nach einer Weile brauchen Sie sich nicht mehr bewußt darum zu bemühen, ein Verlangen aufzugeben. Das Aufgeben wird dann ebenso automatisch geschehen wie das Auftauchen. Schließlich werden Sie feststellen, daß Verlangen und Wünsche wie Wolken, die über den klaren Himmel Ihres Geistes ziehen, auftauchen und verschwinden und daß Ihr Zustand innerer Zufriedenheit davon unberührt bleibt. Sie werden dann in einem Zustand ständigen Aufgebens und Akzeptierens verweilen.

15. Wenn Sie die Meditation beendet haben, richten Sie Ihre Aufmerksamkeit wieder auf Ihren Atem. Atmen Sie dreimal lang, tief und kräftig, als ob Ihr Atem in Ihr Herz-Zentrum in der Mitte Ihrer Brust hinein- und wieder herausfließen würde. Atmen Sie tief ein, und atmen Sie dann kräftig aus Ihrem Herz-Zentrum aus. Fühlen Sie den Boden unter Ihren Füßen, versetzen Sie sich mental in die Umgebung, in der Sie sich befinden, und öffnen Sie dann die Augen. Halten Sie beim Aufstehen Ihren Körper weiter entspannt, und versuchen Sie, das Gefühl der Zufriedenheit aufrechtzuerhalten.

Diese Meditation können Sie so lange, wie Sie wollen, praktizieren. Wenn Sie sich unsicher sind, wie lange Sie sie üben sollen, dann versuchen Sie es erst einmal mit drei Minuten. Später können Sie die Zeitspanne auf zehn Minuten, zwanzig Minuten, eine halbe Stunde oder eine ganze Stunde ausdehnen. Wenn Sie diese Meditation «zwischendurch», während Sie beschäftigt sind, üben wollen, dann forschen Sie nicht nach Verlangen, sondern lassen Sie Ihr Verlangen ganz natürlich auftauchen. Sobald Sie bemerken, daß Sie von einem besonders starken Verlangen (oder mehreren) ergriffen werden, nehmen Sie sich ein paar Augenblicke Zeit, um zu beobachten und loszulassen, so wie es in der Übung beschrieben wurde.

Diese Meditation hilft Ihnen nicht nur, Verlangen zu transzen-
dieren und dauerhafteres Glück zu finden, sondern sie bewirkt
auch, daß Ihre Sorgen und Ängste nachlassen, Ihr Geist sich beruhigt, Ihr Körper sich entspannt und Ihr Herz sich der Liebe öffnet.

Im Schwachsein ist eine tiefere Essenz enthalten,
die nicht vorhanden ist, wenn man darauf besteht,
daß man sich in einer überlegenen Position befindet.
Gib den falschen Stolz auf.
Er hält dich von der Wahrheit fern.

KAPITEL SIEBEN

Meditieren

Die sechste Übung

Meditieren Sie regelmäßig! Jede spirituelle Tradition, alten oder neueren Ursprungs, gibt diese Empfehlung, selbst wenn sie dabei nicht ausdrücklich von «Meditation» spricht.

Unter Meditation verstehen die meisten Menschen eine ununterbrochene, tiefe Konzentration auf einen bestimmten Fokus. Das kann ein Objekt, ein Gedanke, eine Emotion, eine Erfahrung oder etwas sein, das in irgendeiner Weise als etwas Besonderes oder Heiliges angesehen wird. Dies ist jedoch nur ein Teil der Meditation. Wenn Sie sich eine Weile der Übung gewidmet haben, werden Sie feststellen, daß Meditation tatsächlich tiefer als Denken und Konzentration reicht. Alles, was Sie tun, kann als Meditation angesehen werden, weil es bei Meditation nicht darum geht, *was* Sie tun, sondern *wie* Sie etwas tun. Jede Handlung, die Sie ausführen, um dem Höheren Geist näherzukommen, und die dies auch tatsächlich bewirkt, ist Meditation. Was Sie vom Geist fortbringt, ist keine Meditation. Wenn Sie also sitzen, beten oder mit den Kindern spielen und dies mit einer meditativen Haltung tun, dann wird diese Aktivität für Sie zur Meditation.

Meditation bezieht Ihr gesamtes Sein ein, auf daß Ihr Tun Sie zur

Erleuchtung führt. Um dies zu erreichen, müssen Sie alles aufgeben, was Sie von Ihrem «Sein» im gegenwärtigen Augenblick abhält. Meditieren bedeutet zu *sein*.

Paradoxerweise ist Meditation sowohl Tun als auch Nichttun. Sie tun nichts, weil Sie lediglich zu «sein» brauchen, um die Wirklichkeit erkennen zu können. Doch um dorthin zu gelangen, müssen Sie etwas tun. Dabei können Ihnen die sechs in diesem Buch beschriebenen Übungen helfen. Beobachten, Sicherinnern, der Wahrheit folgen, in der Gegenwart zentriert sein und Hingabe bzw. Aufgeben bilden zusammen eine einzige Meditation, die Sie zu einem Zustand des Seins jenseits allen «Tuns» führen wird. Wenn Sie in jenen Zustand unablässigen Seins eintreten, leben Sie in einem Zustand der Meditation, der frei ist von jeglichem Bemühen. Falls Ihnen im Augenblick unklar erscheint, was dies bedeutet, brauchen Sie sich darüber nicht den Kopf zu zerbrechen. Wenn Sie die beschriebenen Meditationen üben, wird alles, was ich gesagt habe, klar werden.

Die Auswirkungen der Meditation

Während Sie meditieren, erfahren Sie sowohl deutlich erkennbare als auch sehr subtile Wirkungen. Meditation hilft Ihnen, Ihre Ängste loszulassen. Sie werden sich entspannter und vertrauensvoller fühlen und besser vergeben und akzeptieren können. Wenn Sie Meditation zum festen Bestandteil Ihres Tagesablaufs machen, werden Sie die wahre Bedeutung von Selbstkenntnis entdecken. Auch wenn Ihr Leben schwierig ist, werden Sie es als ein wahres Geschenk erfahren. Es gibt eine alte indianische Praxis, die Ihnen helfen kann, diese Dankbarkeit zu empfinden. Dabei rufen Sie sich zunächst eine schwierige Situation oder ein schreckliches Ereignis aus Ihrem Leben in Erinnerung. Dann danken Sie dem Großen Geist und erinnern sich an das, was Sie daraus gelernt haben und immer noch lernen.

Als ich anfing zu meditieren, merkte ich schon bald, daß ich mich nicht mehr so oft und so lange ängstlich und unsicher fühlte. (Ich war früher sehr schüchtern.) Ich war mir klarer darüber, was mir in meinem Leben wichtig war, und entwickelte die Fähigkeit, meine Aufmerksamkeit stärker darauf statt auf die weniger wichtigen Dinge zu richten. Dies geschah jedoch nicht mit einem Mal. Vielmehr veränderte ich mich Schritt für Schritt, Jahr für Jahr, und während dieser ganzen Zeit wendete ich das an, was ich in der Meditation gelernt hatte. Manchmal erschien es mir, als veränderte ich mich überhaupt nicht oder viel zu langsam. Doch so lange ich meine Meditationsübung fortsetzte, hatte ich das Gefühl, daß sich mein Leben in eine positive Richtung entwickelte. Manchmal erschien mir alles viel zu schwierig, dann wieder war es genau umgekehrt. Das Leben wurde für mich zu einem Wirbelwind, der unentwegt neue Veränderungen brachte. Ich erinnere mich noch, daß ich einmal einen Lehrer fragte, warum ich mich manchmal ekstatisch und manchmal unglücklich fühlte. Ich hatte die Vorstellung, wenn alles mit rechten Dingen zuginge, müsse ich mich ständig nur ruhig und glücklich fühlen. Mein Lehrer erinnerte mich daran, daß alles, was geschieht, gut ist. Er forderte mich auf, keinerlei Erwartungen darüber zu haben, wie die Situation *eigentlich* sein sollte. Vor allem nicht zu erwarten, nur weil ich meditierte, müßte ich ständig glücklich sein. Immer wenn ich mich entmutigt fühlte, weil ich nicht glücklich war oder weil etwas mich aus der Fassung gebracht hatte, versicherte mir mein Lehrer, dies sei in Ordnung. Das wichtigste sei, nicht so zu tun, als ob das Leben anders sei, als es tatsächlich war; solche Selbsttäuschungen würden meinen Entwicklungsprozeß nur verlangsamen.

Lassen Sie Ihr gesamtes Leben
zur Meditation werden

Wenn Sie mit den sechs Übungen in diesem Buch arbeiten, kann Ihr ganzes Leben, alles, was Sie tun, denken oder erfahren, zur Meditation werden.

Meditieren Sie, und haben Sie keine Angst vor dem Leben. Springen Sie mitten hinein, und heißen Sie alles, was Ihnen widerfährt, als Unterstützung für Ihre Meditation willkommen. Seien Sie kreativ, denn es gibt keine richtige oder falsche Weise, dies zu tun. Wenn sich auch Ihr Verständnis und Ihr Selbstgewahrsein durch die Meditation immer weiter vertiefen werden, sollten Sie nie vergessen, daß es keine Endstation bei dieser Arbeit gibt, keinen Punkt, an dem Sie «alles wissen». (Viele spirituelle Lehrer weisen immer wieder darauf hin, daß es in Wahrheit nur ein Beweis für Ignoranz ist, wenn Sie glauben, «alles zu wissen».)

Es gibt viele Möglichkeiten, «zwischendurch» oder während man seinen Verpflichtungen nachgeht, zu meditieren. Beispielsweise können Sie, wenn Sie über die Straße gehen, die Luft einatmen und den reinigenden, heilenden «Atem des Höheren Geistes» spüren, der Sie mit jedem Atemzug durchströmt. Wenn andere Menschen an Ihnen vorübergehen, können Sie sie als Ihre Geistesbrüder oder Geistesschwestern ansehen, deren Herz in der Realität der unendlichen Gegenwart mit dem Ihren verbunden ist. Wenn Sie Eltern mit ihren Kindern beobachten, können Sie die Liebe und das Umsorgtsein spüren, die Ihnen als «Kind des Geistes» entgegengebracht werden. Seien Sie dankbar, und betrachten Sie alles, was Ihnen in Ihrem Leben widerfährt, als etwas, das Ihnen einen Aspekt der wahren Wirklichkeit nahebringt.

Beständigkeit ist bei jeder Meditation wichtig, bei der Sitzmeditation ebenso wie bei informelleren Übungen während Ihrer Alltagsaktivitäten. Üben Sie jede Meditation, die Sie ausprobieren wollen, mindestens dreißig Tage lang. Auch wenn Sie schon beim ersten Üben eine gewisse Wirkung spüren mögen, stellen sich die tiefergehenden Auswirkungen in jedem Fall erst am Ende der dreißigtägigen Zeitspanne ein. Dies ist so, weil der meditative Zustand sich allmählich aufbaut und Sie mit jedem Üben tiefer in Ihr Unbewußtes eindringen und immer mehr jener Barrieren auflösen, durch die Illusion und Realität voneinander getrennt gehalten werden.

Meditation läßt sich mit dem Zusammensetzen eines Puzzles vergleichen. Bei jeder Meditationsübung fügen Sie ein neues Puzzlestück ein. Anfangs ist das Bild überhaupt nicht zu erkennen, und Sie können sich nur an den Farben und Mustern, die sich allmählich abzeichnen, erfreuen. Doch indem Sie mit der Meditationsübung fortfahren, fügen Sie immer neue Teile des Puzzles hinzu und erkennen dadurch immer mehr vom Bild. Erst wenn schließlich das letzte Stück eingesetzt ist, können Sie das Bild als Ganzes betrachten. Hören Sie jedoch zu früh mit Ihren Bemühungen auf, so bekommen Sie das vollständige Bild nie zu Gesicht.

Oft vernachlässigen Menschen Ihre Meditationspraxis, wenn sich erste positive Ergebnisse eingestellt haben. Doch da Glück nun einmal flüchtig ist, sind Schmerz, Verlust und Gefühle des Unglücklichseins meist schon bald wieder da, und dann erinnern wir uns gewöhnlich auch wieder an die Meditation.

Dazu fällt mir jene Geschichte von dem Mann ein, der sich in einem Schneesturm verirrt. Als er nicht mehr ein noch aus weiß, fängt er verzweifelt zu beten an: «Gott, errette mich! Wenn du mich hier heil herausbringst, werde ich dir alles geben! Mein ganzes Leben wird dann dein sein!» Kaum hat er dies gesagt, entdeckt er in der Ferne ein Bauernhaus. «O Gott», betet er, «ich danke dir von ganzem Herzen! Ich werde bei der Kollekte in der Kirche die Hälfte meines gesamten Geldes spenden. Und außerdem werde ich auch der Wohlfahrt noch etwas geben!» Schließlich erreicht er die Tür des Bauernhauses, stößt sie auf und wird vom Bauern eingeladen einzutreten, sich am Feuer zu wärmen, trockene Kleider anzuziehen und etwas zu essen. «Herr», betet der Wanderer nun still, «dies ist so wundervoll, ich danke dir, ich danke dir!» Doch kaum hat er sich satt gegessen, sind seine Versprechen vergessen.

Gehen Sie nicht in diese Falle. Geben Sie sich die Chance, jenes tiefere Glück kennenzulernen, das um soviel wirklicher und dauerhafter ist als alle flüchtigen Vergnügen. Betrachten Sie Ihren Wunsch zu meditieren vor allem als ein kostbares Geschenk, das Ihr Höherer Geist Ihnen gemacht hat. Schätzen und pflegen Sie dieses Geschenk. Sorgen Sie dafür, daß das Erinnern an den Höheren Geist für Sie so automatisch wird wie das Atmen. Dies wird Sie nicht nur immer wieder zur Meditation zurückführen, sondern auch zu einem wahren Eckstein Ihrer Meditation werden.

Richtlinien für die Meditation

Auf den restlichen Seiten dieses Kapitels habe ich sechs Meditationsübungen beschrieben. Sie finden darin viele Anregungen, wie Sie Ihre Meditationspraxis aus Ihren normalen Alltagsaktivitäten heraus gestalten können. Ich habe auch Vorschläge für Monatsmeditationen zusammengestellt, die in der angegebenen Reihenfolge ausgeführt werden sollten. In der ersten Woche jedes Monats sollte die Meditation täglich zehn Minuten lang praktiziert werden, in der zweiten Woche täglich fünfzehn Minuten lang und in der dritten Woche zwanzig Minuten lang. In der vierten Woche können Sie die betreffende Übung auf dreißig Minuten oder einen noch längeren Zeitraum ausdehnen.

Den Monatsmeditationen ist jeweils ein kurzer Satz beigefügt, der Ihnen einen «Fokus» für den Tag geben soll. Den darin zum

Ausdruck kommenden Gedanken oder das Prinzip können Sie zum Objekt Ihrer Kontemplation machen, ihn als Affirmation benutzen oder zum Thema eines Gebets machen.

Entspannen Sie sich, während Sie meditieren, und lassen Sie Ihre Vergangenheit und Zukunft los. Richten Sie die Aufmerksamkeit immer wieder auf die Gegenwart. Lassen Sie Zweifel und Ängste los. Und lassen Sie sich von der Wahrheit in Ihrer Seele zur Erfahrung vollkommener innerer Zufriedenheit und zum Licht Ihres wahren Selbst geleiten.

Monatsmeditationen

Monat 1
Meditation: Langes, tiefes Atmen, um sich in der Gegenwart zu zentrieren (siehe Kapitel 2).
Fokus: Weihen Sie Ihr Leben der Wahrheit oder dem Höheren Geist.

Monat 2
Meditation: Beobachten Ihrer Gedanken (siehe Kapitel 3).
Fokus: Bringen Sie Ihren Geist der Wahrheit oder dem Höheren Geist dar.

Monat 3
Meditation: Rama-Meditation (siehe Kapitel 4).
Fokus: Bringen Sie Ihr Herz der Wahrheit oder dem Höheren Geist dar.

Monat 4
Meditation: Meditation über das Selbst – Wer bin ich? (Siehe Kapitel 5)
Fokus: Woche 1 – Lassen Sie Ihre Zweifel und Ängste los.
Woche 2 – Lassen Sie Ihren Ärger los.
Woche 3 und 4 – Geben Sie sich der Wahrheit hin.

Monat 5
Meditation: Aufgeben der Anhaftung an das Verlangen (siehe Kapitel 6).
Fokus: Seien Sie nichts Besonderes, nicht mehr und nicht weniger als Sie selbst. Seien Sie nur Sie selbst.

Monat 6
Meditation: Liebe, Mitgefühl, Akzeptanz und Empathie sich selbst gegenüber entwickeln (siehe Kapitel 8).
Fokus: Erfahren Sie sich als eins mit dem Höheren Geist. (Wenn Sie wollen, benutzen Sie die Affirmation «Der Höhere Geist und Ich sind eins».)

Monat 7
Meditation: Liebe, Mitgefühl, Akzeptanz und Empathie anderen gegenüber entwickeln (siehe Kapitel 8).
Fokus: Erfahren Sie sich als eins mit den anderen.

Monat 8
Meditation: Om-Meditation (vorliegendes Kapitel).
Fokus: Erfahren Sie sich als ein Wesen, das über jede Form und Beschreibung hinausgeht. (Wenn Sie wollen, können Sie die Affirmation «Ich bin mehr als mein Körper, mein Geist und meine Gefühle» benutzen.)

Monat 9
Meditation: Nabelzentrum-Meditation (vorliegendes Kapitel).
Fokus: Widmen Sie Ihre zunehmende Kraft dem Höheren Geist oder der Wahrheit. (Wenn Sie wollen, können Sie die Affirmation «Der Ursprung meiner Kraft liegt in meinem Herzen» benutzen.)

Monat 10
Meditation: Om-Meditation (vorliegendes Kapitel).
Fokus: Widmen Sie Ihre Seele der Wahrheit oder dem Höheren Geist.

Monat 11
Meditation: Meditation über das Selbst: Wer bin ich? (Siehe Kapitel 5)
Fokus: Widmen Sie sich dem Dienst an der Welt oder an den anderen.

Monat 12
Meditation: Rama-Meditation (siehe Kapitel 4).
Fokus: Bringen Sie Ihr Herz dem Höheren Geist dar.
Anmerkung: Wenn Sie diese Serie abgeschlossen haben, können Sie sie so lange, wie Sie wollen, jedes Jahr wiederholen. Sie können aber auch eine der Meditationen der Monate 1, 2, 3, 4 oder 8 zu Ihrer regelmäßigen Praxis machen.

Om-Meditation

Diese Meditation aktiviert Ihr «Drittes Auge», das feinstoffliche Energiezentrum der Intuition, Kreativität und Weisheit, das ungefähr in der Mitte Ihrer Stirn liegt. Sie kann auch das Kronenzentrum aktivieren, das ungefähr am oder über dem höchsten Punkt Ihres Kopfes liegt. Wenn Sie dieses Zentrum aktivieren, so wird in Ihnen «kosmisches Bewußtsein» oder spirituelle Weisheit erweckt. Wie bereits in Kapitel 4 erwähnt wurde, ist Om der Urklang des Universums, der Klang, der mit dem Ort allen Anfangs und allen Endes verbunden ist, der Klang, der allen Manifestationen zugrunde liegt.

Die Meditation

1. Sie sitzen oder liegen mit geradem Rücken, ohne die Beine zu überkreuzen. Ihre Hände ruhen in Ihrem Schoß oder rechts und links neben Ihnen, wobei die Handflächen nach oben gerichtet sind. Schließen Sie die Augen.

2. Nehmen Sie sich ein paar Augenblicke Zeit, um in langen, tiefen und sanften Atemzügen durch die Nase zu atmen, wobei
   Sie beide Lungenflügel vollständig füllen und leeren, ohne sich
   besonders anzustrengen. Währenddessen richten Sie Ihre Aufmerksamkeit auf das Ein- und Ausströmen Ihres Atems. Fahren
   Sie damit so lange fort, bis Sie sich entspannt, zentriert und
   fokussiert fühlen.

3. Richten Sie Ihre Aufmerksamkeit nun auf Ihr Drittes Auge in der
   Mitte der Stirn und auf Ihr Kronenzentrum in der Mitte über
   dem höchsten Punkt Ihres Kopfes. Atmen Sie normal. Spüren
   Sie Ihren Atem, und stellen Sie sich vor, daß er durch das Zentrum auf Ihrer Stirn eintritt und nach oben aus dem Kronenzentrum auf Ihrem Kopf wieder ausströmt.

4. Sprechen Sie bei jedem Ein- und Ausatmen im Geiste das Wort
   Om. Spüren Sie weiter, wie Ihr Atem durch das Zentrum Ihrer
   Stirn eintritt und oben aus Ihrem Kopf ausströmt, während Sie
   das Wort Om sagen.

5. Lassen Sie immer wieder jede Spannung und jedes Ange-
   strengtsein los, sobald Sie es bemerken, und stellen Sie sich
   vor, daß alle Spannung mit jedem Ausatmen aus Ihrem Körper
   fließt.

6. Wenn Sie sich anderer störender Gedanken, Gefühle oder an-
   derweitiger Ablenkungen bewußt werden, so entziehen Sie
   ihnen die Aufmerksamkeit, und richten Sie sie wieder auf den
   stillen Klang Om und auf Ihren Atem, der an der Stirn in Ihren
   Körper ein- und oben aus Ihrem Kopf wieder austritt.

7. Am Ende der Meditation atmen Sie dreimal lange und tief
   durch die Nase ein und dreimal kraftvoll durch den Mund aus,

während Sie Ihre Aufmerksamkeit wieder auf sich selbst und auf die Umgebung richten. Öffnen Sie die Augen, und strecken Sie sich.

Meditation
zur Stärkung des Willens,
der Ausdauer und der Vitalität

Das Nabelzentrum (beschrieben unter Punkt 3), das auch als Sitz des Willens bezeichnet wird, wird mit Kraft, Ausdauer, «Willenskraft» und Vitalität assoziiert. Es gibt Ihnen sowohl auf der Energieebene als auch auf der physischen Ebene die Kraft, unter Streß ruhig zu bleiben, mit Schwierigkeiten fertig zu werden und weiterzumachen, wenn dies unmöglich scheint. Die Stärkung und Stimulation dieses Zentrums wirkt sich positiv auf Ihre Entschlußkraft aus, vermittelt Ihnen ein Gefühl körperlichen Wohlbehagens und fördert Ihre Gesundheit. Es ist eine ausgezeichnete Meditation, wenn Sie sich müde fühlen und einer Aufmunterung bedürfen. Sie ermöglicht Ihnen, die Erkenntnisse Ihres Herzens, Ihrer Intuition und Ihres Geistes konkret umzusetzen. Außerdem wird sie Ihnen auch helfen, Ihr inneres Gleichgewicht zu bewahren, wenn Sie sich neuen feinstofflichen und spirituellen Wirklichkeiten öffnen.

Die Meditation

1. Sie sitzen oder liegen mit geradem Rücken, die Beine sind nicht überkreuzt. Ihre Hände ruhen auf dem Schoß oder seitlich neben dem Körper, wobei die Handflächen nach oben weisen.

2. Schließen Sie die Augen, und atmen Sie ganz natürlich. Werden Sie mit jedem Ausatmen ruhiger und entspannter.

3. Konzentrieren Sie die Aufmerksamkeit auf Ihr Nabelzentrum, das ungefähr fünf Zentimeter unterhalb Ihres Bauchnabels und unter der Hautoberfläche liegt. Atmen Sie, als ob Ihr Atem in diesen Punkt hinein- und wieder daraus herausströmt. Atmen Sie ungefähr drei Minuten lang auf diese Weise.

4. Visualisieren Sie nun ein leuchtendgelbes Licht, das mit jedem Einatmen in Ihr Nabelzentrum strömt. Mit jedem Ausatmen füllt dieses Licht Ihren Bauch immer mehr mit der warmen goldenen Glut eines sanften wirbelnden Feuers. Während Sie weiter mit jedem Einatmen dieses gelbe Licht in sich hineinziehen, spüren Sie bei jedem Ausatmen, wie dieses warme glühende Feuer sich allmählich in Ihrem gesamten Körper ausbreitet. Spüren Sie, wie Sie sich ausdehnen und mit jedem Atemzug stärker werden. Es ist, als würden Sie von der leuchtenden Vitalität der Sonne erfüllt, die eine starke und doch sanfte Wärme ausstrahlt und ein herrliches Gefühl des Wohlbehagens erzeugt.

5. Sehen Sie mit Ihrem inneren Auge, wie sich jenes gelbe leuchtende Licht über die Grenzen Ihres Körpers hinaus ausbreitet und Sie in eine eiförmige Kugel hüllt. Sie fühlen sich ausgedehnt und von Kraft erfüllt.

6. Nachdem Sie sich mit dieser leuchtenden eiförmigen Hülle aus Licht umgeben haben, richten Sie die Aufmerksamkeit wieder auf Ihr Nabelzentrum. Intonieren Sie im stillen den Klang Ha, während Ihr Atem in Ihr Nabelzentrum eintritt, und Ra, während er wieder daraus ausströmt. Fahren Sie damit mindestens drei Minuten lang fort.

7. Richten Sie Ihre Aufmerksamkeit jetzt auf das Herz-Zentrum in der Mitte Ihrer Brust. Spüren Sie, wie die warme, lebensspendende Glut in Ihnen vom Bereich Ihres Herz-Zentrums aus-

strahlt. Fühlen Sie, wie der Atem durch Ihr Herz-Zentrum ein-
und ausströmt. Intonieren Sie im stillen den Klang Ra, wenn
der Atem eintritt, und Ma, wenn er austritt. Ihr Herz entspannt
und öffnet sich und sendet Liebe und inneren Frieden in Ihren
ganzen Körper und Ihren Geist aus.

8. Wenn Sie das Gefühl haben, vollkommen von Liebe erfüllt zu
sein, dann atmen Sie noch ein paarmal ganz normal, öffnen Sie
Ihre Augen, und strecken Sie sich aus. Versuchen Sie jedoch,
das warme goldene Glühen der Vitalität und Kraft sowohl in
Ihrem Inneren als auch in Ihrer Umgebung aufrechtzuerhalten.

Das Sonnengebet

Es folgt eine Übung, die aus einer Reihe einfacher Yoga-Haltun-
gen besteht. Sie wirken auf alle in diesem Buch beschriebenen Meditationen unterstützend. Diese Yoga-Serie hilft Ihnen, Ihren Körper gesund zu erhalten, Ihren Geist und Ihre Emotionen zur Ruhe
zu bringen und sich auf die innere Realität Ihres Herzens einzustimmen. Deshalb eignet Sie sich hervorragend als tägliche Praxis
und als Übung, die Sie jederzeit zwischendurch machen können.
Wenn Sie die einzelnen Übungspositionen nicht ganz ausführen
können, machen Sie sie, so weit es geht. Es wird Ihnen im Laufe der
Zeit, wenn Ihr Körper allmählich flexibler wird, immer leichter fallen. Wichtig ist, daß Sie sich in jede Stellung hinein entspannen und
sich nicht zwingen. Verharren Sie so entspannt wie möglich in den
verschiedenen Positionen, zunächst nur ein paar Augenblicke, später bis zu mehreren Minuten. Verweilen Sie in jeder Haltung gleich
lange.

Die Positionen

1. Begrüßung

Stellen Sie sich mit geschlossenen Füßen
und geradem Rücken hin. Legen Sie die
Handflächen flach aufeinander, und halten Sie sie in Höhe Ihres Herzens, so daß
Ihre Finger nach oben weisen.

2. Position: Aufwärtsgerichtete Begrüßung

Immer noch aufrecht und mit geschlossenen Füßen strecken Sie Ihre Arme über
den Kopf nach oben und beugen sich, so
weit wie Sie können, sanft nach hinten.

3. Position: Hände neben den Füßen

Beugen Sie sich vor, und berühren Sie mit
Ihren Handflächen den Boden vor oder
neben Ihren Füßen. Halten Sie die Knie
dabei durchgedrückt, und bewegen Sie
Ihre Stirn in Richtung der Knie.

4. Position: Ein Fuß nach hinten ausgestreckt

Halten Sie die Handflächen flach auf
dem Boden, und strecken Sie das linke
Bein nach hinten aus, wobei das Knie auf

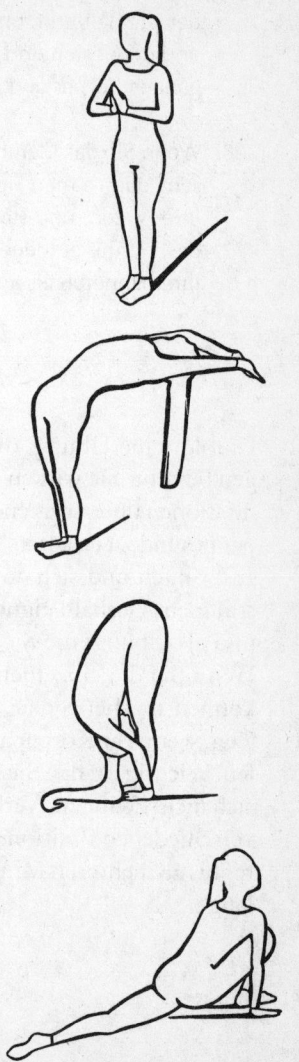

dem Boden ruht. Ihr rechtes Knie beugen
Sie vor Ihrer Brust. Schauen Sie nun nach
oben.

5. Position: Beide Füße nach hinten ausgestreckt

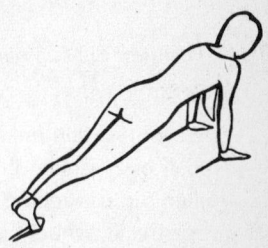

Strecken Sie das rechte Bein am linken
Bein entlang nach hinten aus, so daß nur
noch Ihre Hände und Füße den Boden
berühren. Kopf, Rücken und Beine bilden
dabei eine gerade Linie.

6. Position: Acht-Glieder-Beugung

Lassen Sie den Körper nach unten sinken,
und berühren Sie mit Stirn, Brust, Knien
und Füßen den Boden. Die Ellbogen weisen nach oben, die Handflächen ruhen
neben Ihrer Brust auf dem Boden.

7. Schlangen-Position

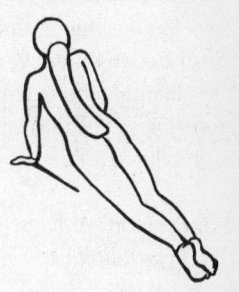

Während Ihre Zehen und Knie immer
noch den Boden berühren, heben Sie
Kopf und Brust, indem Sie die Arme strek-
ken. Beugen Sie sich zurück, beugen Sie
den Kopf nach hinten, und schauen Sie
nach oben.

8. Berg-Position

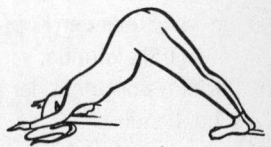

Während Sie Arme und Beine gestreckt
und den Kopf nach unten gebeugt halten,
heben Sie Ihr Gesäß empor. Versuchen

Sie, mit den Fersen auf dem Boden zu bleiben. Ihr Körper ähnelt in dieser Haltung einem Berg oder einem umgekehrten «V».

9. Position: Ein Fuß nach hinten ausgestreckt

Bewegen Sie den linken Fuß nach vorn, so daß er zwischen Ihren Händen steht. Halten Sie das rechte Bein nach hinten ausgestreckt, wobei Ihr rechtes Knie und die Zehen des rechten Beins den Boden berühren. Schauen Sie nach oben. (Diese Position entspricht Position 4, nur wird sie mit dem anderen Bein ausgeführt.)

10. Position: Hände neben den Füßen

Bewegen Sie den rechten Fuß nach vorn, so daß er neben dem linken steht. Strecken Sie die Beine, und bewegen Sie die Stirn zu den Knien. Versuchen Sie, mit Ihren Handflächen den Boden zu berühren. (Diese Position entspricht derjenigen unter Punkt 3.)

11. Position: Aufwärtsgerichtete Begrüßung

Sie stehen aufrecht, heben die gestreckten Arme über den Kopf und beugen sich, so weit Sie können, sanft zurück. (Diese Position entspricht der unter Punkt 2 beschriebenen.)

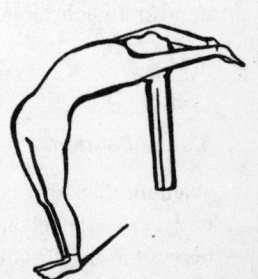

12. Begrüßungsposition

Lassen Sie die Arme hinabsinken, und legen Sie die Handflächen vor Ihrem Herz-Zentrum zusammen. (Damit sind Sie wieder bei Position 1 angelangt.)

Nehmen Sie sich nach Beendigung dieser Übungsfolge ein paar Augenblicke Zeit, um zu spüren, ob Sie sich nun anders fühlen.

Bewegen Sie sich am Anfang ganz sanft, damit Sie den neuen Bewußtseinszustand so lange wie möglich aufrechterhalten, wenn Sie sich wieder Ihren verschiedenen Aufgaben widmen.

Die Bedeutung einer spirituellen Familie

Das Material in diesem Buch kann Ihnen helfen, Ihr Leben meditativer zu gestalten. Doch eine Gemeinschaft von Menschen, die meditieren, bietet eine zusätzliche Unterstützung. Mit ihnen können Sie Erfahrungen austauschen, und Sie können einander Unterstützung und Trost geben, wenn Sie dies brauchen. Mit Schwierigkeiten fertig zu werden ist viel leichter, wenn Sie wissen, daß es Menschen gibt, die mit ähnlichen Dingen zu kämpfen hatten. Doch auch wenn andere Ihnen einen Rat oder ein Feedback geben, sollten Sie niemals aufhören, Ihrer eigenen inneren Stimme zu folgen.

Wo finden Sie nun Menschen, die ebenfalls meditieren? Sie können beispielsweise in Buchhandlungen, die sich auf spirituelle Literatur spezialisiert haben, nachfragen oder in Zentren, die Meditationskurse veranstalten. Vielleicht finden Sie am Schwarzen Brett in der Bücherei oder im Bürgerzentrum der Stadt, in der Sie leben, eine Information. Auch die Stadtzeitschriften können Ihnen möglicherweise helfen, Adressen von Meditations- und Yoga-Zentren zu finden. Oder Sie gründen einfach eine eigene Gruppe, die einmal in der Woche oder einmal im Monat zur gemeinsamen Meditation zusammenkommt. Wenn Sie das Gefühl haben, Inspiration und Anleitung zu brauchen, können Sie spirituelle Bücher, Videos, Kassetten und ähnliches Material zur Hilfe nehmen. Kassetten mit geleiteten Meditationen können inspirierend und instruktiv sein. Wenn Sie versuchen, Ihr ganzes Leben meditativ zu gestalten, so machen Sie sich bewußt, daß Sie zu einer besonderen Familie gehören, deren Mitglieder in jenem Ewigen Geist vereint sind, welcher sich allmählich in unseren Herzen offenbart. Indem Sie erwachen und neue Freude in Ihr eigenes Leben bringen, tragen Sie gleichzeitig dazu bei, die Welt, die Sie umgibt, aufzuwecken und auf ein anderes Niveau zu erheben.

🙚 🙚 🙚 *Sei still*

Wenn du nicht weißt, was du tun sollst,
  sei still.

Wenn du nicht weißt, was du sagen sollst,
  schweige.

Wenn du herumjagst
  wie ein Hund hinter seinem eigenen Schwanz,

Und du den klaren Himmel bedeckst
  mit leeren Worten,

Wie willst du dann jemals
  die ersehnten Antworten hören,

Deren klare Gewißheit widerhallt
  in deinem Herzen? 🙚 🙚 🙚

*Mit der rechten Aufmerksamkeit
ist das ganze Leben Meditation.*

KAPITEL ACHT

Fortschritte auf dem Weg

Obwohl jeder Mensch seinen eigenen Weg geht, gibt es viele Erfahrungen, die wir in der einen oder anderen Form alle machen. Ich möchte einige der am häufigsten vorkommenden kurz aufzählen: Wenn Sie mit den hier beschriebenen Übungen anfangen, werden Sie sich nach einer Weile entspannter fühlen. Ihre Gedanken und Emotionen werden Sie dann nicht mehr ganz so beherrschen. Ihr Atem wird langsamer und tiefer werden. Sorgen, Ängste und Zweifel üben keinen so starken Einfluß mehr auf Sie aus. Sie identifizieren sich immer stärker mit etwas Tieferem in Ihrem Inneren, und Sie fühlen sich gesünder und lebendiger. Häufig verbessert sich der allgemeine Gesundheitszustand. Sie fühlen sich leichter, als wäre Ihnen eine schwere Last abgenommen worden, obgleich Sie immer noch die gleichen Verpflichtungen haben.

Solche Erfahrungen erzeugen oft ein Gefühl der Euphorie. Alles wirkt vollkommen, und Sie scheinen den Schlüssel zum Leben zu besitzen. Wenn Sie sich zum erstenmal dem öffnen, was tief in Ihrem Inneren ist, wird vielleicht das Gefühl entstehen, mit reiner Lebenskraft oder mit goldenem Licht erfüllt zu sein. Doch diese Euphorie wird nach einer Weile vorübergehen, und vielleicht wird

Ihre Meditationsübung dann beschwerlicher. Wenn Sie sich beharrlich selbst beobachten, kommen alte Verletzungen wieder an die Oberfläche und können jetzt heilen. Oder etwas passiert in Ihrem Leben, das Sie völlig durcheinanderbringt. Vielleicht geschieht aber auch nichts Dramatisches, und die Euphorie läßt einfach nur nach.

Wenn sich diese anfängliche Euphorie gelegt hat, werden Sie das Leben im Vergleich zu vorher wahrscheinlich als langweilig empfinden. Die meisten versuchen in dieser Situation jenes anfängliche «High» festzuhalten, weil sie sich nicht mehr mit dem normalen Leben begnügen wollen. Verzweifelt suchen sie in sich nach der schmerzlich vermißten Euphorie und fragen sich, wo sie geblieben ist oder ob sie überhaupt real war. Vielleicht entwickeln sie das Gefühl, sie seien ihrer nicht würdig gewesen oder hätten irgend etwas falsch gemacht. In der klassischen spirituellen Literatur wird dies die «dunkle Nacht der Seele» genannt.

Doch lassen Sie sich davon nicht beunruhigen. Daß Euphorie viele Male kommt und geht, ist der natürliche Prozeß. Wenn Sie sich euphorisch oder «high» fühlen, dann genießen Sie es, und seien Sie sich dessen bewußt, daß es nur ein vorübergehendes Gefühl ist. Versuchen Sie nicht, unablässig «high» zu sein. Wenn Sie sich an den Zustand der Euphorie klammern, blockieren Sie Ihre Entwicklung. Lassen Sie ihn vorübergehen. Erwacht zu sein hat nichts mit «High»-Sein zu tun, sondern es bedeutet, zu etwas Dauerhafterem vorzudringen.

Liebe und Verletzlichkeit

Wenn Sie sich eine Weile mit der Meditationsübung beschäftigt haben, werden Sie feststellen, daß Sie Ihre Reserviertheit und Abwehr mehr und mehr loslassen können. So werden allmählich die Mauern abgetragen, die Sie um Ihr Herz errichtet haben, um sich vor Verletzungen zu schützen. Ihr Herz öffnet sich. Sie werden innerlich weicher und spüren, was andere fühlen. Liebe und Mitgefühl gegenüber allen Menschen und allen lebenden Wesen durchströmen Sie, und Sie erfahren alles und jeden als miteinander verbunden. Diese Liebe hat nichts mit der üblichen Verliebtheit zu tun, sondern es ist eine Liebe, die keine Bedingungen und Grenzen kennt, weil wir unsere spirituelle Verbindung zu allem und jedem über die Grenzen des Ich hinaus erfahren. Wir treten auf der «Seelen»-Ebene mit anderen in Kontakt, statt nur auf der Ebene der Persönlichkeit mit ihnen zu kommunizieren. Deshalb ist unsere Liebe nicht davon abhängig, was eine andere Person tut oder sagt. Sie ist einfach da, ein warmes Leuchten in uns. Wenn wir Liebe auf diese Weise erfahren, erkennen wir, daß diese Liebe immer existiert, unabhängig davon, ob wir uns ihr verschließen oder ob wir offen für sie sind. Je mehr wir uns ihr öffnen, um so intensiver spüren wir ihre sanfte ruhige Ekstase.

Doch diese Liebe zu erfahren ist keineswegs nur freudige Ekstase. Empathie bedeutet, den Schmerz anderer ebenso wie ihr Glück mitzuempfinden. Offen zu sein bedeutet, auch unseren eigenen Schmerz zu fühlen. Möglicherweise empfinden Sie das Leiden in der Welt als so unermeßlich groß, daß Ihnen jeder Versuch zu helfen sinnlos erscheint. Vielleicht stellen Sie angesichts dessen, daß andere so sehr leiden, sogar Ihr Recht auf persönliches Glück in Frage. Doch wenn Sie sich weiterentwickeln, werden Sie allmählich lernen, daß Sie keineswegs machtlos sind. Um zu helfen, brauchen Sie keine «großen» Taten zu vollbringen. Ein freundliches Wort zu jemandem, der einsam ist, eine helfende Hand, wenn ein Kind sich verletzt hat – auch diese Dinge sind wichtig. Seien Sie offen gegenüber Liebe und Glück, und finden Sie Ihre eigene Form zu helfen. Die Liebe und Weisheit in Ihrem Inneren werden Sie leiten.

Wenn Ihr Herz sich zum erstenmal öffnet, fühlen Sie sich wahrscheinlich sehr empfindlich und verletzlich. Vielleicht wissen Sie anfänglich nicht, wie Sie mit Ihrer eigenen Verletzlichkeit umgehen sollen. Doch wenn Sie mit dem Teil in uns allen in Kontakt kommen, der niemals verletzt werden kann, dem Teil, der sogar da ist, wenn wir unter schlimmsten Schmerzen leiden, wird sich dieses beunruhigende Gefühl verlieren.

Wenn Sie sich zu sehr von Ihrem Mitgefühl mit anderen mitreißen lassen, besteht die Gefahr, daß Sie sich zum «Fußabtreter» machen. Sie sind dann zu fast allem bereit, nur um andere vor weiteren Verletzungen zu schützen. Lieber nehmen Sie den Schmerz selbst auf sich, als andere leiden zu sehen. Doch ist eine solche Aufopferung in Wahrheit meist gar nicht so liebevoll, wie sie auf den ersten Blick erscheinen mag. Dadurch, daß Sie sich aufopfern, um einem anderen Menschen weitere Verletzungen zu ersparen, verringern Sie die Schmerzen der anderen Person nicht. Tief innerlich fühlen Sie sich wahrscheinlich selbst verletzt oder wütend, und Sie hegen Groll, doch Sie fressen alle diese Gefühle in sich hinein – weil Sie meinen, dies sei liebevolles Verhalten anderen gegenüber.

Wenn Sie sich wiederholt so verhalten, werden Sie sich im Laufe der Zeit immer schlechter fühlen, weil die Gefühle, die Sie unterdrücken, in Ihnen nagen. Dies kann zur Folge haben, daß Sie krank werden und daß Sie sich verwirrt, angespannt oder deprimiert fühlen. Oft werden solche Gefühle unter einem Deckmantel der Demut versteckt. Wenn das der Fall ist, wird sich Ihr Herz trotz bester Absichten wieder verschließen, und Sie sind wieder da, wo Sie angefangen haben, und dazu in einem erschöpfteren Zustand.

Es ist sehr hilfreich, sich vor Augen zu führen, daß weder Sie noch andere Menschen so verletzlich sind, daß man sich ständig darum kümmern muß. Schmerz zu fühlen ist nicht so schrecklich, daß man es um jeden Preis vermeiden sollte. Wenn Sie nicht mehr gegen Ihr Gefühl des Verletztseins ankämpfen, werden Sie erkennen, daß Schmerz zu empfinden Ihnen ermöglicht, Ihre eigene Verletzlichkeit zu erfahren – und dies kann für Sie das Tor zum Selbstgewahrsein werden. Wenn Sie Schmerz fühlen, dann atmen Sie tief durch, und entspannen Sie sich, statt das Gefühl zu unterdrücken. Und sagen oder tun Sie dann etwas, das ehrlich ist. Haben Sie keine Angst, Ihre Position zu vertreten. Wahre Liebe gedeiht, wenn echte Kommunikation stattfindet, wohingegen Unehrlichkeit sie langsam abtötet. Außerdem wird praktisch alles, was Sie tun, wesentlich effektiver, wenn Sie ehrlich sind und aufrichtig kommunizieren.

Wenn Sie in einer Situation wütend werden und sich verletzt fühlen, so bedeutet das nicht, daß Sie nicht gleichzeitig auch liebevoll sind, denn die Liebe in Ihrem Inneren ist wesentlich kraftvoller als alle Ihre flüchtigen Gefühle und Gedanken. Die Liebe ist unveränderlich, alles andere zieht lediglich an der Oberfläche vorüber. Öffnen Sie also Ihr Herz, und akzeptieren Sie, was Sie tatsächlich erfahren. *Seien* Sie wütend, wenn Sie es sind. *Seien* Sie verletzt, wenn Sie es sind. Das Eingeständnis, daß Sie diese Gefühle haben, macht Sie noch lange nicht zu einem schlechten Menschen, vielmehr macht es Sie zu einem *echten* Menschen. Seien Sie, wie Sie wirklich sind, und schützen Sie Ihre persönlichen Grenzen. Das können Sie tun, ohne Ihr Herz zu verschließen. Lassen Sie nicht zu, daß andere Menschen Sie ausnutzen. Irgendwann werden Sie feststellen, daß Liebe stärker ist, als Sie denken, und daß Ihre Mitmenschen Ihre Ehrlichkeit letztlich wesentlich mehr zu schätzen wissen als Ihre falsche Fürsorglichkeit.

Offenes Herz, verschlossenes Herz

Wahrscheinlich wird Ihr Herz sich immer wieder verschließen und öffnen. Wenn es sich verschließt, so fühlt sich das so an, als ob Sie sich zusammenziehen würden. Was zuvor weich und fließend in Ihnen war, ist nun hart und fest. Sie fühlen sich nicht mehr liebevoll und weit. Sie versuchen sich abzuschotten und errichten neue Barrieren. Es kann sein, daß Sie sich defensiv, feindselig oder ängstlich fühlen. Manchmal sind diese Anzeichen offensichtlich, manchmal sehr subtil. Wenn Sie auch nur die geringste Öffnung Ihres Herzens erfahren haben, kann es schmerzhaft sein, zu merken, daß es sich wieder verschlossen hat. Versuchen Sie Ihr Herz trotzdem nicht dazu zu zwingen, etwas anderes zu fühlen, als es fühlt. Geben Sie nicht vor, liebevoll zu sein. Sie selbst und jeder andere wird diese Täuschung bemerken. Sie sind kein «schlechter» oder minderwertiger Mensch, wenn Ihr Herz verschlossen ist. Seien Sie liebevoll zu sich selbst, und verzeihen Sie sich. Dadurch werden Sie lernen, auch anderen gegenüber liebevoll zu sein und Ihnen zu verzeihen – auch wenn Sie Ihre persönlichen Grenzen wahren. Ihre gesamte Umgebung wird diese Herzensqualität spiegeln und Sie selbst und alle, mit denen Sie verbunden sind, nähren.

Wenn Sie spüren, daß Ihr Herz verschlossen ist, und Sie es öffnen möchten, führen Sie die sechs Übungen aus, und konzentrieren Sie sich auf das, was wesentlicher ist als die Hochs und Tiefs wechselhafter Emotionen. Dann wird Ihr Herz sich bald wieder öffnen. Wenn Sie dies ein paarmal erlebt haben, werden Sie sich immer schneller wieder öffnen können. Bei jeder neuen Öffnung Ihres Herzens werden Sie die Liebe spüren, die Sie niemals verlassen hat. Sie hat nur geduldig in Ihrem Inneren darauf gewartet, daß Sie wieder zu ihr finden.

Wenn Sie sich unglücklich fühlen, können Sie auch eine tiefere, substantiellere Realität unter jenem Gefühl des Unglücklichseins empfinden. Obwohl jene Liebe tief in uns einfach und leise ist, erfahren Sie sie als wesentlich präsenter und unmittelbarer als Ihre unbeständigen Gefühle. Wenn Sie sich einmal unglücklich fühlen, wird Ihnen das nicht mehr so wichtig erscheinen, und dieses Gefühl wird sich schneller wieder auflösen. Wahrscheinlich werden Sie sich nicht unablässig von Liebe durchströmt fühlen, aber Sie werden immer glücklicher werden. Negative Gefühle sind dann wie flüchtige Luftspiegelungen, die es nicht wert sind, daß man ihnen viel Aufmerksamkeit schenkt.

Das Dritte Auge

Auf dem Weg der Selbstentdeckung wird Ihr Geist immer beständiger und ruhiger. Ihre Konzentrationsfähigkeit wird besser, und während Sie lernen, auf die leitende Stimme in Ihrem Inneren zu hören, wächst Ihre Intuition. Durch den immer häufigeren Gebrauch der Intuition kann sich Ihr sechster Sinn entwickeln, der in gewisser Hinsicht wesentlich sensibler und akkurater wahrnimmt als Ihre Augen, Ihre Ohren und Ihre übrigen physischen Sinne. Der sechste Sinn ähnelt der Intuition, ist aber wesentlich weiter entwickelt als sie. (Die östlichen spirituellen Traditionen bezeichnen dies als Sehen mit dem Dritten Auge.) Durch die Entwicklung dieses sechsten Sinnes werden manche Menschen tieferer Realitäten gewahr als derjenigen, die sich unseren physischen Sinnen offenbaren. Sie können «hören», was andere denken, selbst wenn jene anderen nichts sagen. Träume werden für sie so lebhaft, daß sie sich vom «wirklichen Leben» nicht zu unterscheiden scheinen. Manche dieser Menschen lernen sogar, in ihre eigenen Träume einzutreten, sie bewußt zu lenken und in ihnen zu handeln. Durch Entwicklung des sechsten Sinnes werden einige Menschen zu Hellsehern oder Hellhörern, sie können auf der energetischen Ebene «sehen» und werden der Aura und der feinstofflichen Energieströme in anderen Menschen oder in ihrer Umgebung gewahr. Vielleicht entwickeln sie sogar die Fähigkeit, mit den Händen, mit den Augen oder einzig und allein durch ihre Intention zu heilen. Sie reisen in die Astralwelt oder in andere Welten oder kommunizieren mit Tieren, Pflanzen oder Steinen. Sie werden sich nichtphysischer Wesen wie Engel, spiritueller Lehrer oder verschiedener Erdgeister bewußt, und sie können mit ihnen kommunizieren.

Natürlich kann ein Mensch von diesen neuerwachten Fähigkeiten so verzaubert sein, daß er sich nichts anderem mehr widmen will. Doch lassen Sie sich nicht fortreißen, falls Sie so etwas bei sich bemerken. Vergessen Sie nie, daß wahre Meisterschaft in der Fähigkeit liegt, in der alltäglichen Welt ebenso wie in anderen Wirklichkeiten funktionsfähig und im Gleichgewicht zu bleiben. Richten Sie Ihren Fokus um dieser Balance willen auf Ihr Herz. Wenn Sie von Ihren Erfahrungen sprechen, dann so, daß andere Sie verstehen und etwas damit anfangen können, oder verzichten Sie ganz darauf.

Wenn sich bei Ihnen eine der Fähigkeiten, die mit dem sechsten Sinn in Zusammenhang stehen, bemerkbar macht, sollten Sie sich unbedingt weiter auf die wahre, dauerhafte Realität in Ihrem Inneren ausrichten. Dies wird Ihnen helfen, sich nicht von einem falschen Gefühl eigener Wichtigkeit fortreißen zu lassen. Betrachten Sie die neuen Fähigkeiten lediglich als Anzeichen für Ihren Fortschritt auf dem Weg, und hüten Sie sich davor zu glauben, Sie seien deshalb besser als andere Menschen. Es kann sehr verführerisch sein, aus Gefühlen der Macht und des Stolzes auf andere herabzuschauen. Sollten Sie dieser Versuchung nicht widerstehen können, werden Sie unweigerlich fallen. Wenn Sie sich auf die neuerwachten Kräfte in Ihnen statt auf ihren Ursprung konzentrieren, werden Sie diese wieder verlieren – und damit auch Ihr Selbst. Deshalb raten viele spirituelle Traditionen, solchen Fähigkeiten keine besondere Beachtung zu schenken, sie lediglich zur Kenntnis zu nehmen und mit der Übung fortzufahren.

Hören Sie nicht auf zu üben

Wenn Sie mit Ihrer Praxis fortfahren, erreichen Sie möglicherweise einen Punkt, an dem Sie das Gefühl haben, daß Sie keine Fortschritte mehr machen. Das kann frustrierend sein. Oder Sie gelangen vielleicht zu dem Schluß, daß Sie nicht mehr weitermachen wollen. Sie geben sich mit dem Erreichten zufrieden und haben kein Interesse daran weiterzugehen. Tatsächlich verändert sich jedoch etwas, auch wenn es nicht so scheinen mag. Viele subtile Veränderungen vollziehen sich in diesem Stadium. Solange Sie mit den Übungen fortfahren, machen Sie Fortschritte, auch wenn Sie dessen nicht gewahr sind. Im Laufe Ihrer Praxis erreichen Sie viele Plateaus. Oft wird es Ihnen so erscheinen, als würden Sie sich zurückentwickeln. Doch was Sie auch erfahren mögen, machen Sie in jedem Fall die Übungen weiter. Wenn Sie dies beherzigen, werden sich schließlich die gewünschten Resultate einstellen.

Das Herz öffnen

(Übungen, die Sie im Alltag praktizieren können)

Es folgen Übungen, die Ihnen helfen werden, Ihr Herz schneller zu öffnen oder es wieder zu öffnen, wenn Sie merken, daß es sich verschlossen hat. Ebenso wie die übrigen Meditationen, Übungen und Visualisationen in diesem Buch können Sie auch diese als regelmäßige Praxis über eine festgelegte Zeitspanne täglich ausführen oder zu einem beliebigen Zeitpunkt während Ihres Alltags.

Meditation
zum Entwickeln von Liebe, Mitgefühl und Akzeptanz sich selbst gegenüber

Das Gebot «Liebe deinen Nächsten wie dich selbst» beinhaltet nicht nur, daß man andere lieben soll, sondern auch sich selbst. Wenn Sie sich selbst nicht lieben, können Sie auch keinen anderen Menschen lieben. Und wenn Sie andere Menschen nicht zu lieben vermögen, können Sie den Höheren Geist nicht lieben. Die folgende Meditation hilft Ihnen, Liebe zu sich selbst zu entwickeln. Sie können Sie so lange oder so kurz praktizieren, wie Sie wollen.

1. Stellen Sie sich vor einen Spiegel, schließen Sie die Augen, werden Sie ruhig, und zentrieren Sie sich.

2. Sobald Sie sich zentriert fühlen, öffnen Sie die Augen und schauen Ihr Bild im Spiegel an. Schauen Sie tief in Ihre eigenen Augen, die Sie im Spiegel sehen.

3. Was fühlen Sie, während Sie sich in die Augen schauen? Was mögen Sie an sich? Was mögen Sie nicht an sich? Registrieren Sie alle Gedanken und Gefühle und Urteile, die hochkommen.

4. Wenn ein Gedanke oder ein Gefühl auftaucht, dann stellen Sie sich vor, daß dieser Gedanke oder dieses Gefühl sanft in den Boden unter Ihnen hineinfließt und dort langsam verschwindet. Sie können sich vorstellen, daß der Gedanke oder das Gefühl in einer Wasserblase eingeschlossen ist, die langsam zum Boden sinkt und von der Erde aufgesaugt wird.

5. Während Sie sich selbst weiter in die Augen schauen, öffnen Sie allmählich Ihr Herz, indem Sie das Zentrum Ihrer Brust entspannen und sich vorstellen, daß Ihr Herz sich wie die Blütenblätter einer Blume öffnet. Sie spüren, wie Sie weicher werden, und lassen zu, daß sich in Ihrem Herzen Liebe und Mitgefühl ausbreitet.

6. Senden Sie Ihrem Bild im Spiegel diese Gefühle der Liebe, des Akzeptierens und des Mitgefühls. Fahren Sie unterdessen damit fort, weicher zu werden und Ihr Herz zu öffnen, und nehmen Sie diese Gefühle in sich auf. Bewahren Sie die liebevollen Gefühle auch nach Beendigung der Meditation, und machen Sie sich so an die Aufgaben, die auf Sie warten.

Meditation
zum Entwickeln von Liebe, Mitgefühl, Akzeptanz und Empathie anderen gegenüber

Diese Übung kann jederzeit, an jedem Ort und mit einer anderen Person ausgeführt werden. Der oder die andere muß nicht aktiv an der Übung beteiligt sein. Sie können sie sogar mit einer Person ausführen, die Sie nicht kennen und die nur zufällig in Ihrer Nähe ist. Die Übung ist insbesondere dann sehr nützlich, wenn Sie merken, daß Ihr Herz einem Menschen gegenüber, mit dem Sie gerade zu tun haben, verschlossen ist. Führen Sie diese Übung aus, wenn Sie sich bedroht, verletzt, wütend oder einfach mit dem anderen nicht in Kontakt fühlen.

1. Entspannen und zentrieren Sie sich, und richten Sie Ihre Aufmerksamkeit auf die Person, die Sie ausgewählt haben.

2. Schauen Sie die andere Person an, und werden Sie sich gleichzeitig auch Ihrer selbst bewußt. Lassen Sie die Mitte Ihrer Brust weich werden, und lassen Sie zu, daß Ihr Herz sich öffnet. Lassen Sie zu, daß sich Mitgefühl und ein Gefühl völligen Sichselbst-Akzeptierens in Ihrem Herzen ausbreiten. Wenn Sie merken, daß Sie sich nicht in dieses liebevolle Sich-selbst-Akzeptieren hinein entspannen können, dann akzeptieren Sie auch dies. Es ist ganz in Ordnung, daß es Teile in Ihnen gibt, die Sie nicht mögen. Lassen Sie sich dadurch nicht davon abhalten, weiter Liebe für sich selbst zu empfinden.

3. Senden Sie nun der anderen Person das Gefühl des Akzeptierens und der Liebe zu. Visualisieren Sie dies als einen sanften Lichtstrom, der von Ihrem Herzen ausgeht und in das Herz der oder des anderen fließt. Umhüllen Sie die andere Person mit Liebe.

4. Wenn Gedanken in Ihnen auftauchen, die sich dagegen wehren, der anderen Person Liebe zu schicken, so registrieren Sie diese Gedanken, und lassen Sie sie los. Während Sie dies tun, lassen Sie die Mitte Ihrer Brust weich werden, öffnen Ihr Herz erneut und senden der anderen Person um so mehr Liebe, besonders dem Teil von ihr, gegen den Sie sich sträuben.

5. Während Sie der anderen Person Ihre Liebe senden, halten Sie Ihr Gewahrsein Ihrer selbst aufrecht. Empfinden Sie, daß Sie selbst und die andere Person in Ihrem Herzen ein und dasselbe sind. Sollte Ihnen dies schwerfallen, dann *tun Sie so*, als wäre die andere Person innerlich genauso wie Sie; dann wird sich Ihr Widerstand auflösen. Empfinden Sie, als wären Sie die gleiche Person, als wären Sie innerlich eins. Öffnen Sie weiter Ihr Herz der Liebe in Ihrem Inneren.

Üben Sie diese Meditation mit Ihren Kindern, Ihrem Geliebten, Freund oder Ehepartner, weil sie noch wirksamer ist, wenn zwei (oder mehr) Personen sie zusammen ausführen. Ihre Beziehung wird dadurch tiefer, nährender und erfüllender werden. Wenn zwei Menschen diese Meditation gemeinsam ausführen, senden beide einander ihre Liebe zu. Gleichzeitig spüren beide die Liebe, die der andere ihm sendet. Wenn Sie das Gefühl haben, daß die Kommunikation in Ihrer Beziehung gestört ist oder daß Ihr Herz verschlossen ist, dann machen Sie diese Übung.

Wenn Ihr Herz-Zentrum verschlossen ist, empfinden Sie nicht nur weniger Liebe, sondern leiden auch unter damit verbundenen körperlichen Beschwerden, die Ihre Gesundheit beeinträchtigen können. Sie ziehen dann den Brustbereich zusammen. Ihre Brust sinkt ein, und Ihre Schultern fallen nach vorn. Gleichzeitig können Rückenschmerzen zwischen den Schulterblättern auftreten. Um den gebeugten Schultern und der zusammengezogenen Brust entgegenzuwirken, müssen Sie das Kinn anheben, damit Sie Ihren Kopf gerade halten können, und indem Sie dies tun, behindern (oder verschließen) Sie das Energiezentrum in Ihrer Kehle und unterbrechen den zu Ihrem Kopf aufsteigenden Energiefluß. Dies kann zu Halsschmerzen, Kopfschmerzen, einer Schwächung der Magenmuskulatur und/oder zu Schmerzen im Kreuzbein führen. Dadurch treten auch häufig Verdauungsstörungen auf.

Körperübungen, durch die Ihr Brustbereich gedehnt und geöffnet wird, können dazu beitragen, Ihr Herz zu öffnen. Jede Form von Rückwärtsbeugung ist gut. (Sie brauchen jedoch keine vollständige Rückwärtsbeugung zu machen.) Sie können Ihre Hände hinter dem Rücken verschränken und sie dann, immer noch verschränkt, über den Kopf nach oben strecken. Falls Sie Yoga-Übungen machen, kann die Kamel-Stellung in diesem Fall sehr hilfreich sein. Eine sehr subtile, jedoch keineswegs weniger effektive Dehnungsübung besteht darin, gerade zu stehen, sich groß und aufrecht zu fühlen und das Kinn gerade zu halten. Halten Sie beide Arme seitlich waagerecht gestreckt, mit geöffneten Händen und gestreckten Fingern. Entwickeln Sie, während Sie sich in dieser Position befinden, das Gefühl, Ihre Arme würden sanft nach außen gezogen, während Sie Ihre Brust entspannen. Wenn Sie wollen, können Sie sich dabei vorstellen, daß unsichtbare Lichtströme aus Ihrer Brust in die Arme und aus den Fingerspitzen fließen. Bei jedem Aufenthalt in der Sonne können Sie sich vorstellen, Sie atmen Sonnenlicht in Ihr Herz-Zentrum ein. Während Sie dieses Sonnenlicht in Ihr Herz-Zentrum hineinatmen, stellen Sie sich vor, daß Ihre Brust sich ausdehnt und Ihr Herz sich durch die Wärme der Liebe öffnet.

Oder Sie stellen sich, wenn Sie draußen in frischer sauberer Luft sind, vor, daß Sie bei jedem Einatmen das Zentrum Ihrer Brust mit dieser wundervollen Luft füllen. Entwickeln Sie das Gefühl, durch die frische Luft würde sich Ihr Herz von aller Trauer, allem Ärger und allen Verletzungen reinigen und sich in Klarheit und Licht öffnen. Spüren Sie, wie sich Ihr Herz bei jedem Einatmen öffnet und sich bei jedem Ausatmen entspannt.

Alle Visualisationen und Meditationen in diesem Buch, die den

Klang AH oder RAMA verwenden, eignen sich ausgezeichnet zum Öffnen des Herzens. Außerdem können Sie sich Musik anhören, die das Herz anspricht, oder Sie können diese als Hintergrund verwenden. Zu genau diesem Zweck habe ich *Watergarden* aufgenommen. Entspannen Sie sich, und lassen Sie zu, daß die sanft ineinander verwobenen Töne, der friedvolle Rhythmus und die himmlischen Melodien Ihre Seele mit tiefem Frieden erfüllen. Es gibt kaum ein Herz, das heiteren, friedvollen oder inspirierenden Klängen, Melodien oder Liedern widerstehen kann.

❧ ❧ ❧   Das große Geheimnis

Da doch die Sonne der Seele
    so hell erstrahlt
    im Herzen unserer Liebe,
    weshalb verweilen wir manchmal
    in den Schatten der Dunkelheit?

Welche unbekannte Stimme
    von nicht erkennbarer Bedeutung
    winkt so verführerisch
    aus der schwarzen Nacht
    am Rande des Lichts?

Großes Geheimnis,
    du bist es, das ruft.
Singe für unsere begierigen Seelen
    deine grenzenlosen Lieder
    vom endlosen Werden.
Seelenstimme des Sirenengesangs,
Singe deine ergreifende Stille,
    und laß uns umarmen
    deine dunklen Tiefen
    mit dem Licht unserer Liebe.

Enthülle uns
    unsere verborgene Heimat,
    die tief vergraben liegt
    im geheimen Herzen
    deines Mitternachtlichts.   ❧ ❧ ❧

*Untersuchen Sie die Zufälle in Ihrem Leben.
Sie sind Tore,
die aus Ihren illusionären Vorstellungen vom Leben
herausführen.*

❧ KAPITEL NEUN

Verirrungen auf dem Weg

Das folgende Gedicht beschreibt, wie es ist, wenn man von seinem Weg abgekommen ist und ihn dann mit Hilfe der in diesem Buch beschriebenen sechs Übungen wiederfindet. Es veranschaulicht, auf wie viele unterschiedliche Weisen wir uns verirren können, wenn wir die Verbindung zur höheren Realität verlieren und uns mit unserem Ego identifizieren. Und es soll uns daran erinnern: Sobald wir uns an falsche Vorstellungen von uns selbst klammern und uns als Wesen ansehen, die lediglich aus Körper, Verstand und Gefühlen bestehen, werden materielle Dinge für uns wichtiger als das, was ihnen zugrunde liegt. Das Gedicht beschreibt, was geschieht, wenn man sich weigert, sich an der illusorischen Realität des Lebens zu orientieren und seine Aufmerksamkeit statt dessen auf das richtet, was tiefer liegt, auf die einzige Quelle wahren Glücks und echter Zufriedenheit.

❧ ❧ ❧   *Verloren und wiedergefunden*

Hast du dich jemals so gefühlt, als hättest du deinen Weg,
    als hättest du dein Selbst verloren?

Hast du dich jemals völlig verschlungen gefühlt
    von endlosen Wogen unerträglicher
    Emotionen,
so daß du in Millionen Richtungen zugleich strebtest
    in dem inneren Wissen, daß keine die richtige war?
    Hast du dich jemals unerträglich einsam gefühlt,
    in deiner wahren Einzigartigkeit und Schönheit
    von niemandem gesehen –
    nicht einmal von dir selbst?

Ist dein Geist ein rasender Wirbelwind der Unruhe,
    der unkontrolliert springt von
    Warum zu Wie zu Vielleicht zu Was-wäre-wenn
    und der unablässig versucht,
    dem schwarzen Gesicht der Hoffnungslosigkeit
    und stillen Verzweiflung zu entfliehen,
    das dich zu verschlingen droht,
    sobald du auch nur einen Augenblick zauderst?

Innerlich schreist du vor Hoffnung und Verzweiflung auf,
    während du schmerzerfüllt hin und her schwankst
    auf der Suche nach Ruhe im
    Sturm des Unbekannten,
    auch wenn dir manchmal
    ein kurzer Blick auf das gelingt,
    was du einst wußtest –

auf das, was unablässig gerade außerhalb
deiner Reichweite tanzt.

So setzt du dein tapferes Gesicht auf,
verbirgst deinen Zorn unter einem Lächeln
und suchst mit verschleiertem Blick
in den leeren Vergnügungen dieser Welt
nach Glück,
und täuschst alle –
auch dich selbst.

Eine Zeitlang entkommst du,
zwei Schritte deinem Peiniger voraus,
dieser Stimme, die dir in der Stille der Nacht
einflüstert, daß alles Trug ist,
daß deine flüchtigen Freuden
auf Treibsand gebaut sind
und daß sich jeden Augenblick
alles verändern kann.

Du bist nicht allein mit diesen Gefühlen.
Schau dich um,
sieh den Zustand der Welt
in ihrem Spiel verzweifelter Torheit,
dem verrückten Herumgerenne
der Suche nach mehr,
dem blinden Dahinrasen
auf dem Weg der Zerstörung.
Es gibt einen Ausweg,
mein Gefährte auf der Reise des Lebens.
Es gibt einen Weg, der aus dieser Verrücktheit herausführt.
Er ist einfach und doch schwer.
Du mußt es nur wagen,
den falschen Schein fahren zu lassen,
während du durch den Spiegel trittst.

Zuerst mußt du den Dämonen ins Auge blicken
  und dich von der Leere einholen lassen.
Höre auf zu rennen,
  und tauche tief ein in die Qual,
  für eine Weile ohne eine Antwort.
Entspanne dich, und folge dem wahren Weg,
  der, wenn du zuzuhören weißt,
  einzig und allein in dir liegt.

Sei tapfer,
  und wisse, daß du auch damit
  nicht allein bist.
Höre auf, dich selbst zu verurteilen.
Verzeihe,
  und akzeptiere immer wieder, ohne Ende.
Habe keine Angst, wenn du taumelst,
  denn das wird viele Male geschehen.

Halte dich an die, die mit dir reisen.
Laß dich durch ihre Worte und Erfahrungen
  an den Weg erinnern,
  wieder – und wieder.
Entspanne dich,
  und atme tief;
  vertraue dem Tröster in dir,
  und begib dich auf die aufregendste Reise deines Lebens.

Zähme furchtlos deinen tyrannischen Geist,
  der dich erbarmungslos bestürmt
  mit Vermutungen, Vorstellungen, trügerischer Logik
  und dich einschließt in seine beschränkten Ansichten darüber,
  was möglich ist und was nicht,
  was wirklich ist und was nicht,
  wer du bist und wer du nicht bist.

Hör auf, dich ständig
   auf dich selbst zu konzentrieren,
   und schaue statt dessen in den grenzenlosen Raum
   zwischen den Gedanken.
Tauche ganz hinein
   in diese unermeßliche Stille,
   mit vollkommener Aufmerksamkeit.

Lasse deinen Geist ruhn
   in einem Ozean der Stille.

Laß mit langsamen und tiefen Zügen
   den lebensspendenden Atem in deinen Körper ein.

Laß los,
   und wirf alle Angst, alle Zweifel und alle Trauer ab.
Dann wird langsam, ganz langsam
   ein leises Flüstern des Friedens
   sich hineinstehlen durch
   die Mauern der Unsicherheit.

Und Tropfen um kostbaren Tropfen
   wird zerbröckeln den Schutzwall
   deiner Verletzlichkeit,
   und von qualvoller Süße
   wird durchdrungen werden
   dein zu gut geschütztes Herz.
Deine stummen Verzweiflungsschreie
   werden sich verwandeln in Blüten des Friedens.

Hier wird deine wahre Kraft zum Vorschein kommen,
   Kraft, die nicht starr oder blind ist,
   sondern fließt wie Wasser und sich biegt wie ein Baum im
   Wind.

Und was klar enthüllt werden wird,
   in der Stille, die spricht,

bist du,
furchtlos strahlend,
über alle Begrenzungen und Projektionen hinaus.

Dann wirst du das Unkennbare kennen
und dich erinnern an das, was verloren war.
Du wirst furchtlos und unberührt
durch die Verrücktheit dieser Welt wandeln
und teilhaben an der süßen Essenz
von allem, was sichtbar und unsichtbar ist.
Du wirst Liebe kennenlernen,
die alles Verstehen übersteigt –

Und du wirst glücklich sein. ❧ ❧ ❧

Wachstum auf diesem Pfad der Selbstentdeckung verläuft nur äußerst selten linear. Wir befinden uns hier nicht in einer normalen Lernsituation, in der uns ein Lehrer davon abhält, uns zu weit vom Weg zu entfernen. Oft bemerken wir, während wir uns nur auf die innere Stimme stützen, nicht einmal, wie weit wir abgeirrt sind, bis das Leben selbst uns daran erinnert, indem es immer schwieriger, komplexer oder unbefriedigender wird.

Nicht vom Weg abzukommen oder ihn wiederzufinden, nachdem wir von ihm abgeirrt sind, erfordert im allgemeinen ständige Aufmerksamkeit und ehrliche Selbsteinschätzung. Doch gibt es ein paar häufig vorkommende Probleme und «Warnsignale», die Ihnen zeigen können, daß Sie auf Abwege geraten sind.

Verwechseln des eigenen Verlangens
mit der inneren Wahrheit

Es ist nicht immer einfach, zwischen der Stimme der Wahrheit und dem eigenen Verlangen zu unterscheiden, zwischen dem, was wir gern hätten, und dem, was tatsächlich ist. Sie werden die Stimme

Ihres begrenzten Ich immer wieder irrtümlich für die Wirklichkeit halten und statt Ihrer inneren Stimme der Stimme des Ichs folgen.

Sie müssen lernen, den leitenden inneren Geist zu erkennen und ihm zu vertrauen. Um diesen Lernprozeß geht es bei der gesamten Reise. (An diesem Punkt kann Beten sehr hilfreich sein.) Auch wenn Sie die Stimme des leitenden inneren Geistes zeitweilig nicht vernehmen, ist sie doch immer da. Tun Sie Ihr Bestes, und vertrauen Sie darauf, daß Sie korrigiert werden, wenn Sie sich irren (und das wird Ihnen viele Male passieren). Üben Sie sich dann wieder in Hingabe. Lernen Sie, die Botschaften zu erkennen, die das Leben Ihnen vermittelt – die Hinweise darauf, daß Sie aufmerksamer sein oder etwas verändern sollen, daß Sie sich stärker auf die Wahrheit oder auf den inneren Geist ausrichten sollen. Wenn Sie sich emotional zerrissen oder unsicher fühlen, dann fragen Sie sich, was der Geist Sie zu lehren versucht. Wenn Sie krank sind, fragen Sie sich, welche Lektion Sie daraus lernen können. Wenn Sie Ihre Arbeit verlieren, Ihre Geschäfte schlecht gehen oder Ihre Beziehung in eine Krise gerät, halten Sie inne, beruhigen Sie Ihren Geist, und versuchen Sie herauszufinden, was diese Schwierigkeiten Sie lehren können.

Die Lektion

Vor vielen Jahren sagte mir mein indianischer Lehrer einmal, ich sei starrsinnig. Da er immer nur sehr wenig spricht, wußte ich, daß dies eine wichtige Botschaft für mich war. Aber seine Aussage verwirrte mich sehr, und deshalb fragte ich ihn: «Großvater, ich folge immer nur dem, was mein Inneres mir sagt. Wie kann ich dagegen angehen, selbst wenn jemand mir sagt, ich solle etwas anderes tun oder glauben? Ist das deiner Meinung nach Starrsinn? Wenn ja, weiß ich nicht, wem oder was ich folgen soll!»

Ich erwartete eine nähere Erklärung, einen Hinweis oder eine Orientierungshilfe, doch er sah mich nur an, ohne seiner Aussage noch irgend etwas hinzuzufügen. Also beschäftigte ich mich mit diesem Thema. Die Vorstellung, starrsinnig zu sein, behagte mir ganz und gar nicht. Ich verband damit, daß ich starr an meinen Überzeugungen festhielt und auf meinem eigenen Weg beharrte, statt auf das zu lauschen, was wirklich war. Ich fand es schrecklich, so zu sein! Um diese Tendenz in mir auszumerzen, beschloß ich, mich selbst als starrsinnig zu sehen und zu versuchen, mich in dieser Hinsicht zu verändern.

Doch als ich dies versuchte, tauchte ein Problem auf. Ich wußte nicht, wie ich gegen etwas angehen sollte, das ich ganz tief innen als wahr empfand. Sobald ich versuchte, nicht starrsinnig zu sein und dem Rat oder den Anweisungen anderer zu folgen, hatte ich das Gefühl, mein Zentrum zu verlieren. Immer wieder kämpfte ich mit dem gleichen Dilemma: Wie konnte ich gegen mein bestes Wissen und Gewissen handeln? Wie konnte mich jemand, wenn ich meiner eigenen inneren Wahrheit folgte, als starrsinnig oder von mir selbst eingenommen bezeichnen?

Ungefähr zwei Jahre lang schlug ich mich mit diesem Problem herum. Als ich schließlich wieder mit meinem Lehrer zusammentraf, schnitt ich das Thema erneut an. «Großvater», sagte ich, «ich habe in den letzten zwei Jahren versucht, nicht starrsinnig zu sein. Ich habe versucht, gegen das, was ich in mir selbst fühle, anzugehen, ohne meine Integrität zu verlieren. Kannst du mir etwas dazu sagen?» Er kicherte und sagte: «Enkelin, du bist nicht starrsinnig. Ich wollte nur, daß du dich damit auseinandersetzt, damit du ein für alle Male weißt, was Starrsinn ist und was nicht. Du solltest dein Ich erforschen und den Unterschied zwischen ihm und der wahren Stimme des Geistes erkennen. Jetzt hast du ihn kennengelernt.»

Der Sinn dieser Belehrung wurde mir augenblicklich klar. Durch diese Lektion lernte ich nicht nur, zwischen Starrsinn und innerer Integrität zu unterscheiden, sondern mir wurde auch klar, wie wichtig es ist, ständig vor dem eigenen egoistischen Verlangen auf der Hut zu sein, das sich als die Wahrheit ausgibt. Besonders wichtig war dies beim Heilen und bei anderen Dingen, die ich von ihm lernte. Es würde mich davor bewahren, auf Abwege zu geraten. Ich lernte, in meiner Wachsamkeit niemals nachzulassen und nicht dem irrtümlichen Glauben zu verfallen, es könnte mir nicht mehr passieren, meinem Ich zu erliegen. Und ich erkannte, wie wichtig es ist, anderen zuzuhören und ihre Kritik sowohl als wertvolle Belehrung für mich selbst wie auch als ihre Projektionen zu verstehen. Doch selbst wenn ich mich im Spiegel der Projektionen anderer erforsche, darf ich nicht aufhören, meinem eigenen inneren Gefühl von Integrität und Wahrheit zu folgen. Schließlich lernte ich zu akzeptieren, daß ich ebenso wie alle anderen Menschen nicht unfehlbar war, so stark die Stimme des Geistes in meiner Seele auch sein mochte. Was für eine wunderbare Lektion!

Deshalb müssen wir uns immer wieder dem Höheren Geist hingeben und unser Bestmögliches tun, um die Kommunikationskanäle zwischen uns und unserem inneren Selbst offenzuhalten. Solange wir darauf ausgerichtet sind, mit dem, was wirklich ist, in Einklang zu bleiben, können wir nicht weit vom Weg abirren.

Anzeichen für Verirrungen

Es folgen ein paar Hinweise, mit deren Hilfe Sie feststellen können, wann Sie vom Weg abgekommen sind. Sie befinden sich auf dem falschen Weg, wenn Sie glauben, daß Sie wichtiger, außergewöhnlicher oder besser als andere Menschen sind. Das bedeutet jedoch nicht, daß Sie nicht Ihren wesenseigenen inneren Wert erfahren dürfen. Und natürlich dürfen Sie die innere Weite und die Kraft spüren, die entstehen, wenn Sie sich auf den Höheren Geist einstimmen. Es ist sogar notwendig, alle Erfahrungen über sich zuzulassen. Sie sind nur dann auf einem Irrweg, wenn Sie sich für etwas Besonderes oder Besseres halten. Denn dann haben Sie das Gewahrsein Ihres essentiellen Einsseins mit allen Menschen und mit der gesamten Schöpfung verloren.

Eine andere Möglichkeit, vom Weg abzuirren, ist, zu glauben,

Sie wüßten mehr, als Sie tatsächlich wissen. Sobald Sie den «Zen-Geist» oder den «leeren Geist» aufgeben und glauben, daß Sie etwas «wissen», ist dies ganz sicher nicht der Fall. Um «Ich weiß» sagen zu können, müssen Sie sich von der Erfahrung des jeweiligen Augenblicks abtrennen, denn nur dann können Sie es definieren oder erklären. Wenn Sie sich so verhalten, zeigt dies, daß Sie im Grunde nicht wirklich etwas wissen.

Die irrigste Form des Glaubens, etwas zu «wissen», ist, sich für erleuchtet zu halten. *Sobald Sie glauben, Sie seien erleuchtet, sind Sie es mit Sicherheit nicht.* Ein wirklich Erleuchteter sondert sich nicht von anderen ab, um sich als erleuchtet zu definieren. Sobald Sie sich auf irgendeine Weise definieren, sind Sie auf dem falschen Weg, denn wer Sie sind, entzieht sich jeglicher Definition und Erklärung.

Gedanken und Gefühle über sich selbst können so subtil sein, daß sie weder für Sie noch für andere direkt erkennbar sind. Vielleicht sprechen Sie derartige Ansichten nicht einmal aus, sondern Sie hegen sie nur als bewußte oder unbewußte Haltung. Die Gefühle oder Ansichten, mit deren Hilfe Sie sich definieren, können wie feine, kaum merkliche Nadelstiche in Ihrem Bewußtsein existieren, deren Sie nur gewahr werden, wenn Sie gezielt danach suchen. Sie können sich hinter der Fassade des «Altruismus» oder der «Erleuchtung» verbergen und kommen vielleicht nur in einer fast unmerklichen inneren Ruhelosigkeit zum Ausdruck.

Achten Sie auf Anzeichen von Stolz, Gier oder Begehrlichkeit. Wenn Sie auch nur die leisesten Anwandlungen von Abwehr oder Selbstgerechtigkeit bei sich bemerken, ist die Wahrscheinlichkeit groß, daß Sie sich mit einem falschen Bild von sich selbst identifizieren. Wenn Sie merken, daß Sie lügen, etwas zurückhalten oder auf irgendeine andere Weise unehrlich sind, können Sie sicher sein, daß Sie nicht aus Ihrem wahren Selbst heraus handeln. Wenn Ihr Herz verschlossen, ängstlich oder wütend ist, sind Sie vorübergehend vom Weg abgekommen. Ebenso verhält es sich, wenn Sie etwas tun, das nicht mit Ihrem Gefühl innerer Integrität in Einklang steht.

Achten Sie auf Anzeichen von Selbstgerechtigkeit. Die Annahme, daß der eigene Weg der einzige oder beste Weg ist, ist ein weitverbreiteter Fehler. Machen Sie sich klar, daß Ihr Weg einfach nur Ihr Weg ist, weiter nichts. Allein die Tatsache, daß es der Weg ist, der für Sie geeignet ist, bedeutet noch lange nicht, daß dieser Weg auch für alle anderen Menschen der beste ist. Wenn Sie merken, daß Sie sich über andere stellen, indem Sie sie kritisieren, sollten Sie den Ratschlag meines indianischen Großvaters beherzigen:

«Wenn du merkst, daß du mit dem Finger auf jemanden zeigst, dann denke daran, daß gleichzeitig drei Finger auf dich selbst zeigen!»

Und wenn Ihnen das Gefühl innerer Erfüllung fehlt oder wenn Sie nicht wirklich zufrieden sind, so zeigt dies, daß Sie noch nicht zu Ihrer wahren Wirklichkeit erwacht sind.

Seien Sie sich selbst gegenüber mißtrauisch, wenn Sie etwas sagen oder tun, um Ihr eigenes Verhalten zu entschuldigen. Die Wahrscheinlichkeit ist in solchen Fällen groß, daß Sie auf eine nicht vollkommen integere Weise handeln. Wenn Sie reden oder handeln, als heilige ein Zweck zweifelhafte Mittel, sollten Sie innehalten und über Ihr Verhalten meditieren. Die Mittel sind ebenso wichtig wie die Ziele, manchmal sogar wichtiger. Wie Sie etwas tun, ist ebenso wichtig wie das Erreichen des Ziels.

Wenn Sie sich beispielsweise dabei ertappen, daß Sie sagen: «Na ja, ich weiß selbst, daß das nicht besonders aussieht, aber irgend etwas Gutes wird schon dabei herauskommen», sollten Sie Ihr Verhalten gründlich überprüfen.

Neue, ungewöhnliche Fähigkeiten

Nachdem Sie die sechs Übungen in diesem Buch praktiziert haben, vermögen Sie vielleicht das «größere Bild» des Lebens zu sehen, und Sie können Lösungen von Problemen erkennen, wenn andere sich keinen Rat mehr wissen. Vielleicht erfahren Sie auch einige der Kräfte, die mit dem Öffnen des «Dritten Auges» verbunden sind, Fähigkeiten, die die meisten Menschen als «außergewöhnlich» oder als «an ein Wunder grenzend» bezeichnen. Sie können diese Kräfte einsetzen, um anderen zu helfen. Doch auch das kann eine Falle sein. Sie könnten leicht in den Fehler verfallen, sich der Person, der Sie helfen, überlegen zu fühlen oder sich für etwas Besseres als sie zu halten. Wenn Sie sich davor schützen wollen, sollten Sie immer wieder über folgendes nachdenken:

❧

Wer hilft wem?
Vielleicht wird Ihnen selbst mehr damit geholfen,
daß Sie anderen etwas geben können,
als dem Empfänger Ihrer Hilfe.

❧

Außerdem kann es sehr hilfreich sein, sich immer wieder vor Augen zu führen, daß Sie diese Kräfte nicht *haben*, sondern daß Sie lediglich der Kanal für sie sind. Vergessen Sie auch nicht, daß diese besonderen Fähigkeiten und Kräfte nur wie Wunder erscheinen, wenn man mit der physischen Realität identifiziert ist. Wenn Sie die Übungen aus diesem Buch praktizieren und eine andere, grenzenlosere Wirklichkeit erfahren, die über das rein Physische hinausgeht, werden Sie feststellen, daß diese scheinbar außergewöhnlichen Fähigkeiten in den feinstofflichen Reichen, in denen Sie existieren, völlig natürlich sind. Sie sind ebenso natürlich wie die Schwerkraft im physischen Reich, und wie die Schwerkraft folgen sie ihren eigenen Gesetzmäßigkeiten. Sobald Sie feinerer Energien jenseits des Physischen gewahr werden, verlieren jene Kräfte für Sie Ihren Nimbus des Besonderen. Sich für etwas Besonderes zu halten, weil man außergewöhnliche Kräfte erfährt, ist ebenso töricht, als würde man sich für etwas Besonderes halten, weil man die Auswirkung der Schwerkraft spürt.

Viele spirituelle Schriften empfehlen, sich keinesfalls bewußt um diese Kräfte zu bemühen oder sie zu ignorieren, wenn man mit ihnen in Berührung kommt, damit man sich von ihnen nicht dazu verleiten läßt, vom Weg abzuirren. Wenn diese Fähigkeiten in Ihnen erwachen, ob Sie sie nun benutzen oder nicht, sollten Sie über das Selbst meditieren, das diese Fähigkeiten «hat».

❧

Wenn man es als persönliches Verdienst ansieht,
daß man über spirituelle Kräfte verfügt,
dann verwandelt
sich eine kostbare Perle in eine Schlammkugel.

❧

Verwirrung, Anhaften und Weglaufen

Wenn Sie das Gefühl haben, sich im hektischen Alltag verloren zu haben, dann wenden Sie sich den sechs Übungen aus diesem Buch zu, um wieder auf den Weg zurückzufinden. Arbeiten Sie auch dann damit, wenn Sie nicht an Ihre Wirkung glauben, wenn Sie Schwierigkeiten damit haben oder wenn Sie immer noch verwirrt sind. Das Gefühl der Verwirrung heißt nicht unbedingt, daß Sie vom Weg abgekommen sind. Es kann auch sein, daß Sie sich einer neuen Ebene der Realisation nähern. Geben Sie die Übungen nicht auf! Seien Sie geduldig, und üben Sie unbeirrt weiter. Wenn Sie dies tun, wird sich Ihre Verwirrung auflösen, und Sie werden vielleicht eine völlig neue Bedeutungsebene in Ihrem Leben entdecken.

Versuchen Sie nicht, an Ihrer inneren Zufriedenheit festzuhalten, gierig danach zu greifen und sie zu horten wie ein Geizhals seine Münzen, denn dann werden Sie sie verlieren. Wenn Sie versuchen, das Glück festzuhalten, schneiden Sie es von seiner Wurzel ab. Jedesmal wenn Sie aus Angst nach dem Glück greifen, erliegen Sie Ihrer Angst. Sie stolpern dann zurück in den illusorischen Glauben, daß inneres Glück von äußeren Geschehnissen abhängt, statt es als etwas zu erfahren, das aus Ihrem eigenen Herzen kommt. Wenn Sie fälschlicherweise annehmen, Glück sei das Resultat dessen, was Sie tun oder haben, sind Sie nicht mehr offen für die unentwegten Veränderungen des Lebens, denn Sie haben dann alle Hände voll damit zu tun, alle «schlechten» Veränderungen aus Ihrem Leben fernzuhalten – was *unmöglich* ist. Wenn Sie dem Glauben verfallen, Ihr Glück hänge von dem ab, was Ihnen widerfährt, kann sich Ihr Herz nur in Angst und Mißtrauen verschließen. Dann wird Glück unmöglich. Statt ängstlich zu versuchen, den Fluß des Lebens mit seinen Veränderungen aufzuhalten, damit Ihnen nichts widerfährt, was Sie unglücklich macht, können Sie loslassen und das Glück erfahren, das Ihrem eigenen Herzen entspringt.

Laufen Sie auch nicht vor Ihrer Angst davon. Die Angst hindert Sie daran, in Ihr tiefstes Inneres hineinzuschauen und Ihre wahre Schönheit zu entdecken. Angst hält Sie von der Weisheit fern, macht Sie krank und entzieht Ihnen Ihre Energie. Je mehr Sie versuchen, vor der Angst davonzulaufen, um so stärker geraten Sie in ihre Macht. Sobald Sie ihr jedoch direkt ins Gesicht schauen, schwindet diese Macht. Seien Sie also bereit, Ihre Ängste zu erfahren, statt vor ihnen wegzulaufen. Wenn sie für Sie zu guten Bekannten werden, verlieren sie ihre geheimnisvollen und furchterregenden Qualitäten. Dann werden Sie merken, daß Ihre Ängste keineswegs größer oder mächtiger sind als Sie selbst. Nur indem Sie sich mit Ihren Ängsten konfrontieren, können Sie sie besiegen.

Das gleiche gilt, wenn Sie unter Depressionen leiden oder sich Sorgen machen. Statt davor wegzulaufen oder zuzulassen, daß die Probleme mit Ihnen durchgehen, sollten Sie versuchen, sich immer wieder in den gegenwärtigen Augenblick zurückzubringen. Dann können Sie das Zusammenwirken von Gedanken und Gefühlen beobachten, das Sie dazu bringt, Ihre Aufmerksamkeit auf die Vergangenheit oder die Zukunft zu richten und dadurch Depressionen und Ängste zu entwickeln. Wenn Sie dies versuchen, werden nicht nur Ihre Depressionen und Sorgen allmählich verschwinden, sondern Sie werden auch zunehmend ruhiger und entspannter werden.

Orientierungshilfen
für eine erleuchtete Lebensweise

Obwohl letztlich Ihre eigene innere Wahrheit Ihr wichtigster Führer ist, gibt es ein paar allgemeine «Verhaltensregeln», die Sie auf Ihrem Weg unterstützen können. Diese Regeln, die spirituell orientierte Menschen seit alters her bis auf den heutigen Tag befolgen, sollen Ihnen keineswegs einen Zwang auferlegen. Vielmehr handelt es sich um Orientierungshilfen, die sich als nützlich erweisen, wenn Sie verwirrt sind, und die Ihnen wieder auf den Weg zurückhelfen, wenn Sie davon abgekommen sind oder wenn Sie Gefahr laufen, vom Weg abzukommen. Falls Sie feststellen, daß Ihre Handlungen zu diesen Verhaltensregeln im Widerspruch stehen, sollten Sie sich noch einmal genauer anschauen, was Sie tun oder zu tun gedenken. Wahrscheinlich steht Ihr Handeln dann nicht mehr in Einklang mit Ihrer tief inneren Integrität.

Die erste Orientierungshilfe lautet: «Liebe deinen Nächsten wie dich selbst.» Darin steckt nicht nur, daß Sie Ihren Nächsten lieben sollen, sondern auch, daß Sie sich selbst lieben sollen. Manchmal ist es leichter, anderen Liebe und Fürsorge entgegenzubringen als sich selbst. Wie oft sind Sie eher geneigt, anderen zu verzeihen als sich selbst? Wie oft ertappen Sie sich dabei, das Verhalten eines anderen zu entschuldigen, während Sie bei der gleichen Sache sich selbst ständig heruntermachen? Wenn Sie Ihren Nächsten wie sich selbst lieben, so müssen Sie sich selbst ebenso verzeihen, sich akzeptieren und sich schätzen wie den anderen. Es bedeutet, sich um das eigene Wohl ebenso wie um das des anderen zu kümmern und sich selbst gegenüber ebenso einfühlsam zu sein wie ihm gegenüber. Wenn

Sie durch Ihr Verhalten beispielsweise die Ehre eines anderen Menschen verletzen oder durch Ihr Verhalten jemandem nicht genügend Achtung entgegenbringen – oder auch sich selbst nicht –, so bringt Sie dies vom Weg zur Erleuchtung ab. Wenn Sie merken, daß das, was Sie tun, Ihnen einen Vorteil auf Kosten eines anderen verschafft, so ist dies ebenfalls schädlich. Sie können sich niemals auf Kosten anderer Ihre eigene Freiheit erkaufen. Wirklichen Frieden werden Sie niemals erfahren, wenn Sie nicht den Wunsch hegen, daß sich dieser Friede auch auf alle anderen Wesen ausdehnen möge.

Die nächste Orientierungshilfe für erleuchtetes Handeln ist Ihnen wahrscheinlich ebenfalls vertraut. Sie ist trotzdem sehr wirkungsvoll. Es handelt sich um jene uralten *Zehn Gebote*, die vor langer Zeit Moses übermittelt wurden. Wenn Sie über die tiefere Bedeutung dieser Gebote meditieren, werden Sie merken, daß es sich dabei keineswegs um restriktive, heute überholte Gesetze handelt, sondern daß die Zehn Gebote lediglich widerspiegeln, wie es ist, in Einklang mit der Integrität oder der tieferen Wahrheit zu leben. Sie werden feststellen, daß jede Handlung, die mit der Wahrheit in Einklang steht, so gut wie nie gegen diese Gebote verstößt. Statt sich von diesen Geboten eingeschränkt zu fühlen, sollten Sie sie als Vorschläge für «rechtes Handeln» verstehen oder für ein Verhalten, das Ihnen hilft, auf dem Weg zu bleiben. Wenn Ihre Handlungen gegen eines oder mehrere dieser Gebote verstoßen, so seien Sie auf der Hut. Überprüfen Sie genau, ob sie sich in einem Konflikt mit Ihrer eigenen inneren Wahrheit und Integrität befinden.

Eine weitere Gruppe von Orientierungshilfen, die *fünf Grundprinzipien ethischen Verhaltens* genannt, entstammt der buddhistischen Tradition. Obwohl sie den meisten unter uns wahrscheinlich nicht so vertraut sind wie die *Zehn Gebote*, sind sie ebenso wirksam wie sie. Wenn Sie ihnen folgen, bauen Sie einen Schutz auf, der Ihnen hilft, Handlungsweisen zu vermeiden, die – infolge von Gier, Haß oder Verblendung – Schmerz und Leiden hervorrufen. Diese fünf Prinzipien zu befolgen hilft Ihnen, zu Leichtigkeit und Klarheit des Geistes zu gelangen und geistiger Dunkelheit zu entkommen. Es hilft Ihnen, Ihren Geist von Reuegefühlen und Sorgen zu befreien, die aus Schuldgefühlen wegen falscher Handlungen entstehen. Wenn Sie sich von Schuldgefühlen befreit haben, können Sie Ihren Geist leichter auf die Gegenwart ausrichten und so die wahre Realität erfahren. Das Befolgen dieser Prinzipien schafft also eine Grundlage für die weitere spirituelle Entwicklung. Die *fünf Grundprinzipien* sind:

Die fünf Grundprinzipien ethischen Verhaltens

1. *Nicht töten.* Wenn Sie diesem Prinzip folgen, achten Sie den Wunsch aller Wesen, zu leben, frei von Schmerz und glücklich zu sein. Auf diese Weise entwickeln Sie Achtung allen Formen des Lebens gegenüber, was Ihren Geist leichter werden läßt.

2. *Nicht stehlen.* Dies bedeutet, nichts in Besitz zu nehmen, was uns nicht gehört. Wenn Sie Verlangen nach etwas verspüren, das Ihnen nicht gehört, unterliegen Sie der Illusion, daß die Dinge, die Sie besitzen, Ihnen Glück bringen werden.

3. *Sexuelles Fehlverhalten vermeiden.* Dies ist eine andere Möglichkeit, das Konzept des Ehebruchs zu verstehen. Dieses Prinzip beinhaltet, daß man sich sexueller Handlungen enthalten soll, die Schmerz oder Verwirrung erzeugen oder anderen – und damit Ihnen selbst – schaden.

4. *Nicht schlecht reden.* Dies bedeutet nicht nur, daß man nicht lügen soll, sondern auch, daß man sich darin üben soll, durch das, was man sagt, Harmonie, Freundlichkeit und Einigkeit zu fördern. Wie viele Worte werden tagtäglich auf sinnlosen und schädlichen Klatsch verschwendet oder auf grobe oder beleidigende Äußerungen. Wie oft werden Worte achtlos gesprochen, ohne sich die oft weitreichenden Wirkungen bewußt zu machen. Harte Äußerungen erzeugen Härte in Ihnen, in anderen und in

Ihrer Umgebung, ob dies nun beabsichtigt sein mag oder nicht. Seien Sie achtsam in dem, was Sie sagen, denn wenn Sie Anteilnahme und Freundlichkeit zum Ausdruck bringen, so kommt das Ihrem eigenen inneren Frieden zugute.

5. *Meiden von berauschenden Substanzen, die den Geist benebeln und abstumpfen.* Wenn Sie den Weg der geistigen Klarheit gehen wollen, sollten Sie Substanzen meiden, die Ihren Geist in die Dunkelheit der Illusion zurückführen oder die seine Fähigkeit, sich zu konzentrieren und zu beobachten, einschränken. Das heißt nicht, daß Sie niemals ein Glas Wein oder ein anderes alkoholisches Getränk zu sich nehmen dürfen, sondern es geht darum, daß Sie nicht trinken sollten, um bestimmte Auseinandersetzungen zu vermeiden. Es gibt einige alte spirituelle Traditionen, die bewußtseinserweiternde Stoffe verwenden, um den Geist zeitweilig tieferen Realitäten zu öffnen, deren er sich im Normalzustand nicht gewahr ist. Doch hüten Sie sich, bewußtseinsverändernde Substanzen zu konsumieren, ohne daß Sie durch einen Lehrer oder Führer begleitet werden. Es ist ein weitverbreiteter Irrtum, zu glauben, das Bewußtsein würde sich erweitern, wenn es in Wirklichkeit durch die außergewöhnlichen Wahrnehmungen betäubt und auf Abwege geführt wird. Oft meinen Menschen sogar, sie könnten die Klarheit erweiterten Gewahrseins nicht ohne Drogen erfahren, doch eine solche Abhängigkeit führt nicht zur Erleuchtung, sondern zur «Verdunkelung».

Viele hochentwickelte Lehrer aus früheren Zeiten haben einfache Orientierungshilfen hinterlassen, die Ihnen helfen können, auf dem Pfad der Erkenntnis zu bleiben. Eine davon stammt von meinem verstorbenen Lehrer, Neem Karoli Baba. Es ist der sehr einfache Rat: «Liebe, diene und erinnere dich.» Der große Lehrer Meher Baba hat den verblüffend simplen Rat hinterlassen: «Sei glücklich.» Sätze dieser Art erscheinen wahrscheinlich auf den ersten Blick zu simpel. Doch wenn Sie sich in sie versenken und sie im alltäglichen Leben anwenden, werden Sie erkennen, daß sie einen vollständigen Leitfaden für eine Lebensführung enthalten, die zur Verwirklichung jenes Höheren Geistes führt, der das Wesen unseres eigenen Seins ist.

Obgleich die genannten Orientierungshilfen Ihnen überaus gute Dienste dabei leisten können, im Alltagsleben nicht Ihren Weg zu verlieren, sollten Sie nie den Fehler machen, die Weisheit jener inneren Stimme zu ignorieren, die aus Ihrem eigenen Herzen spricht. Die genannten Orientierungshilfen können kein Ersatz für Ihre innere Stimme sein, sie sind nur Wegweiser, die Ihnen helfen, in dem ohrenbetäubenden Getöse des Verlangens, in der brüllenden Stimme Ihres beschränkten Ich die klare Stimme der Wahrheit zu vernehmen, die aus Ihrer eigenen Seele spricht.

❧ ❧ ❧ Erhebe dich

Stehe erhobenen Hauptes
  im Chaos deines Lebens,
  und wisse, daß du nicht gerichtet wirst
  der Dinge wegen, die du hast oder nicht hast,
  oder wegen dem, was du tust oder nicht tust,

Sondern nur aufgrund der Qualität deines Lebens
  und aufgrund deines Herzens,
  aufgrund dessen, was du gegeben hast,
  und wenn es nur ein liebes Wort
  zu einem Menschen in Not war.

Gehe nicht zu hart mit dir ins Gericht, mein Freund.
Lasse dich nicht verleiten, zu versinken
  in Trauer, Wut und anderen falschen Träumen.
Denke nicht mehr an das, was sein könnte,
  oder an das, was möglich gewesen wäre.

Das, was ist,
  ist jetzt.
Du bist dabei, dich phönixgleich
  aus der Asche deiner Ruinen zu erheben,
  empor zu neuen Abenteuern,
  jeder Schmerz ein Lernen
  und jede sich schließende Tür eine Öffnung.

Erkenne dich selbst
  als ein Kind des Geistes,
  so, wie du bist – vollkommen.
Stehe erhobenen Hauptes in diesem Wissen,
  und ruhe in seinem Trost.

Betrachte mit ungerührtem Blick
   deine Erfolge und Mißerfolge.
Betrachte die Schmerzen und die Freuden,
   und lerne, was du lernen mußt.

O Freund, schreite zum nächsten Akt
   im unendlichen Spiel des Lebens,
   und wisse, daß dein wahrer Gewinn
   nicht im Haben, Bekommen oder Tun liegt,
   sondern allein in der Wahrheit deines eigenen
   Seins.

Wisse, daß dies niemals das Ende ist,
   sondern immer der Anfang,
   jeder neue Atemzug eine Chance,
   eine Verkündung der Freiheit
   und des Lebens, das neugeboren ist. ❧ ❧ ❧

*Erleuchtet zu sein
bedeutet,
leichter und heller zu werden.*

Heimkehr

Wenn Sie die sechs Übungen stetig praktizieren, werden Sie sich in zunehmendem Maße einer alten spirituellen Wahrheit bewußt werden: Als Mensch geboren zu werden ist unglaublich kostbar, denn allein dies gibt uns die Möglichkeit, zu unserer wahren Natur zu erwachen. Von der gesamten irdischen Schöpfung verfügen nur die Menschen über die Fähigkeit, sich ihrer selbst als Wesen, die von der übrigen Schöpfung getrennt sind, bewußt zu sein. Nur die Menschen sind in der Lage, ihre eigene Göttlichkeit zu entdecken. Denkt eine Blume über sich selbst nach? Stellt ein Tier sich in Frage? Denkt ein Fisch über das Wasser nach, in dem er schwimmt, oder ein Vogel über die Luft, durch die er fliegt? Alles in dieser physischen Welt lebt in Harmonie, gemäß der eigenen Natur und im Einklang mit den Naturgesetzen. Kein anderes Wesen auf diesem Planeten außer dem Menschen verspürt das Verlangen, etwas anderes zu sein, als es ist.

Kein anderes Wesen auf diesem Planeten ist so sehr von sich selbst abgetrennt wie der Mensch. Dies ist unser Fluch und unser Segen. Schauen wir uns einmal die Auswirkungen dieses Getrenntseins an, die sich sowohl in uns selbst wie auch in unserer Umgebung zeigen. Das Gefühl des Getrenntseins verursacht unermeßliches Leiden.

Doch andererseits bringt uns dieses Leiden dazu, nach seiner Ursache zu suchen und seine Beendigung anzustreben. In diesem Bestreben gelangen wir zum Erwachen. Dies ist der Segen, der sich im Getrenntsein verbirgt, das von unserer Geburt an da ist. Dies ist das kostbare Juwel, das unser Schmerz und unser Leiden in ihrem Kern enthalten.

Geboren zu werden ist die Reise in die Dunkelheit, in eine illusionäre Trennung von der Einheit, in der Ihr Sein wurzelt. Es bedeutet, daß Sie von sich selbst getrennt werden, auf daß Sie sich selbst entdecken können. Geboren zu werden ähnelt dem Erwerb eines Spiegels, der Ihnen die Möglichkeit gibt, sich selbst zu sehen, weil er Ihnen ein Bild vorhält, das von Ihnen selbst (von Ihrem Körper, Ihrem Geist usw.) getrennt ist. Wenn Sie sich jedoch in dieses Bild Ihrer selbst im Spiegel versenken, werden Sie schließlich begreifen, daß Sie in Wahrheit nicht davon getrennt sind. Das Getrenntsein, das Sie erfahren, ist eine Illusion. Wenn Sie den Spiegel fortnehmen, sind Sie gezwungen, sich auf andere Weise zu erfahren. Sie werden dann feststellen, daß Sie immer noch existieren, sofern Sie die Aufmerksamkeit nach innen auf Ihre eigene Essenz richten. (Wenn Sie die Aufmerksamkeit nach der Entfernung des Spiegels nicht nach innen richten, erfahren Sie sich nicht mehr.)

Das Leben ist genauso. Solange Sie nicht Ihren Blick vom Spiegel abwenden, von der Erscheinung Ihrer selbst, können Sie nicht zu Ihrer inneren Essenz und Ihrer wahren Natur erwachen. Erst dann können Sie die Wirklichkeit des Einsseins erkennen, die durch die Illusion des Getrenntseins verborgen wird. Doch um sich selbst sehen zu können, müssen Sie zunächst einmal geboren werden, denn sonst haben Sie keinen Spiegel.

Sterben ist, als würde der Spiegel vor Ihnen entfernt, und damit verlieren Sie den Anblick Ihres Gesichts. Und so wie Ihr Bild verschwindet, wenn Sie den Spiegel niederlegen, wenn Sie Ihren letzten Atemzug tun und Ihren Körper mit seinen sich unaufhörlich wandelnden Gedanken und Gefühlen verlassen, so verschwindet diese Welt wie ein Traum und hinterläßt nichts anderes als die

Wirklichkeit der Wahrheit und der Liebe, die Wirklichkeit jenseits von Form, Raum und Zeit. Alle Bilder und jedes Abgetrenntsein lösen sich auf. Was übrig bleibt, wenn wir sterben, ist die essentielle Wirklichkeit unseres wahren Selbst.

Wenn Sie von Ihrer Existenz noch nichts anderes als das Bild in dem Spiegel erfahren haben, können Sie sich nicht selbst erfahren, nachdem der Spiegel entfernt worden ist. Falls Sie noch schlafen und nicht zu Ihrem wahren Selbst erwacht sind, werden Sie Ihr Selbst auch nicht sehen, wenn Sie sterben. Falls Sie sich unabhängig von Ihrem Bild im Spiegel kennen, werden Sie weiterexistieren, nachdem der Spiegel entfernt worden ist. Wenn Sie jetzt zu Ihrem Selbst erwacht sind, werden Sie dies auch nach Ihrem Tod sein. Wenn Sie in dieser Weise erwacht sind, gibt es für Sie keinen Tod, sondern nur ein ununterbrochenes Selbstgewahrsein.

Vergeuden Sie diese kostbare Gelegenheit nicht, zu Ihrem eigenen Potential zu erwachen, die Ihre Geburt als Mensch Ihnen bietet. Wer weiß, ob und wann Sie eine zweite Chance erhalten? Der große Sufi-Mystiker Kabir sagt:

> «Freund, hoffe auf den Gast, während du lebst.
> Springe in die Erfahrung hinein, während du lebst!
> Denke – und denke – während du lebst.
> Was du ‹Erlösung› nennst,
> gehört der Zeit vor dem Tode an.
> Wenn du deine Fesseln nicht zu deinen Lebzeiten zerreißt,
> glaubst du, daß Geister es danach tun werden?»
>
> *Nach der englischen Übersetzung von Robert Bly*

Praktizieren Sie die in diesem Buch beschriebenen sechs Übungen, um zu erwachen und Ihr Selbst zu entdecken. Suchen Sie nach Ihrer eigenen essentiellen, ewig währenden Wirklichkeit, die auch dann noch da ist, wenn der «Spiegel» des Körpers, Geistes, Gefühls und aller anderen Erscheinungen entfernt worden ist. Sie brauchen dieser Welt nicht zu entsagen, um dies zu tun. Ebensowenig brauchen

Sie zwischen dem spirituellen und dem alltäglichen Leben zu unterscheiden. Machen Sie die Alltagswelt zu Ihrem Workshop, denn alles, was Sie brauchen, liegt unmittelbar vor Ihnen. Beobachten Sie, seien Sie in der Gegenwart zentriert, erinnern Sie sich, üben Sie Hingabe, meditieren Sie, und folgen Sie unablässig der Wahrheit tief im Inneren Ihrer Seele. Schließen Sie keine Kompromisse. Seien Sie ein Krieger der Wahrheit, der sich weigert, seine Integrität auf dem Altar der Bequemlichkeit zu opfern. Lehnen Sie es ab, den Versuchungen der flüchtigen Illusionen des Lebens zu erliegen. Bitten Sie aus tiefstem Herzen, daß Ihnen der Weg gezeigt werden möge. Sie können gewiß sein, daß Sie eine Antwort erhalten werden. Hören Sie aufmerksam jener Stimme in Ihrem Inneren zu, und lernen Sie, Illusion und Wirklichkeit voneinander zu unterscheiden. Dann werden Sie auch den Unterschied zwischen Unwissenheit und Weisheit erkennen.

Seien Sie das, was Sie sind, das unendliche Selbst, das über alles rationale Verstehen und über die Grenzen des individuellen Ich hinaus existiert, und erkennen Sie sich selbst als unsterblich, ungeboren, zeitlos und formlos, als eins mit allem in diesem Universum. Geben Sie alle Zweifel, alle Wut und alle Scham auf, und lassen Sie zu, daß sich Ihr Herz den Tiefen der Liebe öffnet, ohne daß Sie sich vor irgend jemandem oder irgend etwas fürchten, nicht einmal vor Ihrem eigenen Tod. Geben Sie sich dem Geliebten hin, der geduldig im Inneren Ihres Herzens oder Ihrer Seele wartet, und seien Sie eins mit der unendlichen Wahrheit, die der Kern Ihres Seins ist. Denn nur dann werden Sie zum unermeßlichen Glück Ihrer eigenen unendlichen Lebendigkeit und zum immerwährenden Frieden der vollkommenen Freiheit Ihrer Seele erwachen.

❧ ❧ ❧   Heimkehr

Laßt tausend Trompeten erschallen!
Entrollt die goldenen Fahnen zum Willkommensgruß!
O Wandernder, du bist endlich heimgekehrt
ins Haus deiner Geburt.

Mit strahlendem Antlitz
und Sternenglanz in den Augen
kehrst du siegreich zurück,
gekleidet in unzählige wahrgewordene Träume.

O Pilger des Geistes,
welch sternenreiche Länder
hast du geschaut mit den wissenden Augen
deiner Seele, die der Himmel umhüllt!

Wie freudig das Lied der Freiheit
ihre süße Selbstvergessenheit besingt
im offenen Gemach
deines sonnenerfüllten Herzens!

Frei – endlich frei bist du!
Das Lügengespinst der Illusion ist zerrissen,
und du wandelst im klaren Himmel dessen,
was du zuvor nicht zu träumen wagtest.   ❧ ❧ ❧

«Und wenn der große Phönix frei fliegt, sieh genau hin, was er behutsam zwischen seinen Krallen trägt.» *No-Eyes*

George Brown
Dicke Bären und kalte Winter
Eine Einführung in das astrologische Denken
(transformation 19719)

Mary Summer Rain
Der Phönix erwacht *Weisheit und Visionen*
(transformation 18558)
Spirit Song *Der Weg einer Medizinfrau*
(transformation 18537)
Weltenwanderer *Der Pfad der heiligen Kraft*
(transformation 18722)

Chögyam Trungpa
Das Buch vom meditativen Leben
(transformation 18723)
Die Shambhala-Lehren vom Pfad des Kriegers zur Selbstverwirklichung im täglichen Leben.

Peter Orban/Ingrid Zinnel
Drehbuch des Lebens *Eine Einführung in die esoterische Astrologie*
(transformation 18594)
Personare *Die zwölf Personen im Inneren der Seele*
(transformation 19179)

Paul Hawken
Der Zauber von Findhorn *Ein Bericht*
(transformation 7953)
Ein Erlebnisbericht aus der berühmten New Age-Community.

Stephen Arroyo
Astrologie, Psychologie und die vier Elemente
(transformation 18579)
Einer der führenden Astrologen Amerikas skizziert die Bedeutung der vier Elemente als archaische Kräfte für die Seele und weist auf die bislang ungenutzten Möglichkeiten hin, astrologisches Wissen in der Psychotherapie einzusetzen.

Janwillem van de Wetering
Ein Blick ins Nichts
Erfahrungen in einer amerikanischen Zen-Gemeinde
(transformation 17936)

Ein Gesamtverzeichnis der Reihe *rororo transformation* finden Sie in der *Rowohlt Revue*. Jedes Vierteljahr neu. Kostenlos in Ihrer Buchhandlung.